VIVER
RECONCILIADOS

Aspectos psicológicos

A. CENCINI

VIVER RECONCILIADOS

Aspectos psicológicos

Dados Internacionais de Catalogação na Publicação (CIP)
(Câmara Brasileira do Livro, SP, Brasil)

Cencini, Amedeo
Viver reconciliados : aspectos psicológicos / Amedeo Cencini ; tradução Euclides Carneiro da Silva. – 7. ed. São Paulo : Paulinas, 2012 – Coleção psicologia e espiritualidade)

Título original: Vivere riconciliati : aspetti psicologici
Bibliografia.
ISBN 978-85-356-3384-9

1. Bem e mal – Aspectos psicológicos 2. Pecado – Aspectos psicológicos 3. Perdão – Aspectos religiosos – Cristianismo 4. Reconciliação – Aspectos religiosos – Cristianismo 5. Vida cristã I. Título. II. Série.

12-13591   CDD-234-5

Índice para catálogo sistemático:
1. Reconciliação : Aspectos religiosos : Cristianismo   234-5

Título original da obra: *VIVERE RICONCILIATI: ASPETTI PSICOLOGICI*
© Paoline Editoriale Libri — Figlie di San Paolo, 2004 — Via Francesco Albani, 21

7ª edição – 2012
5ª reimpressão – 2023

Tradução: Euclides Carneiro da Silva
Citações bíblicas: *A Bíblia de Jerusalém*, São Paulo, Paulus, 1985

Nenhuma parte desta obra poderá ser reproduzida ou transmitida por qualquer forma e/ou quaisquer meios (eletrônico ou mecânico, incluindo fotocópia e gravação) ou arquivada em qualquer sistema ou banco de dados sem permissão escrita da Editora. Direitos reservados.

Cadastre-se e receba nossas informações
www.paulinas.com.br
Telemarketing e SAC: 0800-7010081

Paulinas
Rua Dona Inácia Uchoa, 62
04110-020 – São Paulo – SP (Brasil)
📞 (11) 2125-3500
✉ editora@paulinas.com.br
© Pia Sociedade Filhas de São Paulo – São Paulo, 2003

APRESENTAÇÃO

Nesta publicação, o autor sublinha o aspecto "formação": ajudar as pessoas a crescer de modo coerente e unitário, respeitando os dinamismos psíquicos de base. A. Cencini ressalta o que acontece quando, no processo evolutivo, a pessoa — algo normal e inevitável — depara com a limitação, isto é, com tudo aquilo que faz vir à tona as fraquezas que somos espontaneamente levados a ignorar. Com efeito, o homem não é onipotente, ilimitado ou absoluto. No fundo, a eloqüente lição do dinossauro é que, se uma certa grandeza é boa, uma superabundância de grandeza não é necessariamente melhor.

Cencini escolheu o tema da limitação porque, em seu trabalho psicoterapêutico, revelou ser um dos pontos cruciais no caminho do crescimento do ser humano. A própria cultura "narcisista" atual o confirma abundantemente. Numa lógica baseada na equivalência "viver = aumentar e engrandecer a si mesmo", a limitação torna-se uma ameaça à conservação da auto-estima, mais que a ocasião de verificação e o empenho renovado. As tentativas de negá-la não são jamais de todo eficazes, uma vez que a outra face do narcisismo é a depressão e o medo do fracasso.

5

No livro, procurou-se prescindir, na medida do possível, de uma linguagem técnica, porque, na intenção do autor, o destinatário não é o psicólogo clínico nem o indivíduo necessitado de cuidados analíticos, mas o homem normal, comum, obrigado — freqüentemente contra sua vontade — a admitir que não é perfeito como gostaria de ser, mas também que não é tão imperfeito como, às vezes, lhe parece ser. O livro pretende exatamente pôr em discussão a idéia de que perfeição significa ausência de limites. Por isso, ele se dirige também a quem enveredou por um "caminho de perfeição", como o religioso consagrado ou o presbítero, para que não incorra mais naquele equívoco, mas, ao contrário, aprenda a servir-se da sua limitação para realizar-se plenamente.

À medida que o autor desenvolve o próprio pensamento, nota-se que seu campo se alarga sempre mais: de uma perspectiva psicológica para uma perspectiva mais religiosa, para chegar, progressiva e explicitamente — à terceira parte —, a uma precisa postura de fé. Também essa metodologia espelha o objetivo da obra. De fato, ser uma pessoa madura significa viver movida por convicções que agem internamente, em vez de depender dos precários apoios que a condicionam externamente. Nessa solidez interior, a opção motivada de fé encontra sua justificativa, quando não, sua colocação ideal. Evidentemente, o método não é apologético nem se trata de uma invasão em âmbitos próprios de outras ciências. O psicólogo que adentra o setor religioso pode fazê-lo legitimamente, contanto que, nesse caso, continue sua análise com os mesmos instrumentos psicológicos, como este livro procurou fazer.

Alessandro Manenti

INTRODUÇÃO

O último Sínodo dos bispos (1983) e a assembléia da Igreja italiana (Páscoa de 1985) tiveram o mesmo tema: a reconciliação cristã, vista em seu aspecto sobretudo teologal e sacramental por bispos, e em seu aspecto mais nitidamente antropológico-social por representantes da Igreja da Itália. É um fato muito significativo — e nada casual — essa coincidência temática: trata-se do interesse e da preocupação da Igreja com o enfraquecimento da consciência do pecado, que põe inevitavelmente em crise — como em uma reação em cadeia — toda uma série de relacionamentos ligados a essa consciência: com Deus; consigo mesmo; com o próprio mundo de limitações e fraquezas; com o próprio ambiente, feito também de limitações e fraquezas dos outros; com a própria história, síntese do bem e do mal, mas na qual o mal, quando não reconhecido e não integrado, pode impedir e obscurecer a percepção do bem.

Se, de um lado, desapareceram — e é um bem — alguns sentimentos de culpa, frutos de um ensimesmar-se narcisista distorcido que não podiam levar à experiência do Deus da misericórdia, de outro, a consciência penitencial — que é sinal, ao mesmo tempo, de maturidade humana e cristã, baseada na capacidade de reconhecer-se real e profundamente pecador — foi praticamente abafaba.

Já se disse que o ser humano nunca é tão grande como quando sabe reconhecer e aceitar o seu pecado. A própria religião, segundo Newman, "fundamenta-se, de um modo ou de outro, no senso do pecado". Ainda mais a religião cristã, que prega um Deus cheio de misericórdia e que manda o filho à terra não para os sãos, mas para os doentes.

Por outro lado, o mal faz parte de nós, experimentamo-lo todo dia em nossa vida, "espinho" fincado na carne, vemo-lo em torno de nós. Assume diversas formas e se manifesta em vários níveis: *fisiológico* (a precariedade da vida, o depauperamento orgânico inevitável e progressivo, a doença, a senilidade, a morte), *psicológico* (as nossas imaturidades, inconsistências, infantilismos, dos quais nem sempre somos totalmente responsáveis) e *moral* (o pecado propriamente dito, os egoísmos mais ou menos latentes, as pretensões do homem velho...). É impossível ignorar o mal ou presumir viver como se ele não existisse ou fosse somente incidente, algo eventual ou passageiro. Antes, se está profundamente radicado em nossa existência, deve ser integrado a ela.

A integração é um processo psicodinâmico complexo, por meio do qual o mal:

1) é reconhecido e identificado com precisão em nós: descobrimos que faz parte do nosso eu; nós o aceitamos, dando-lhe um sentido;

2) nós o experimentamos perdoado e nós mesmos nos sentimos perdoados para sempre e, portanto, capazes de perdão: reconciliados com o nosso mal e com o dos outros;

3) nesse ponto, o mal se transforma e se transfigura lentamente: torna-se ocasião de bem, fraqueza de que alguém pode "gloriar-se", âmbito de manifestação do poder do amor de Deus.

São as três fases por meio das quais se articula a dinâmica integradora do mal. E são também as três partes em que se divide este livro: queremos tentar entender o que é para nós, em particular, o pecado — o mal por excelência —, que relação mantemos com ele como seres humanos e como crentes e, conseqüentemente, com que capacidade de integração sabemos aceitar nossas limitações também em outros níveis: fisiológico e psicológico. Com efeito, surge-nos a dúvida de que muitas de nossas tristezas, muitos de nossos desânimos e pessimismos estão realmente ligados a um baixo índice de integração do mal.

A perspectiva em que nos colocamos é psicológica, de uma psicologia que reconhece o primado da graça e crê na liberdade do ser humano; uma psicologia que deseja apenas dar sua contribuição para que nos deixemos reconciliar com Deus.

PRIMEIRA PARTE

RECONHECIMENTO-ACEITAÇÃO

É a primeira fase. Trata-se, antes de tudo, de saber perceber realisticamente o próprio erro, amadurecendo em si uma verdadeira e própria consciência de pecado, que vai além do simples sentimento de culpa. Reconhecer e aceitar ser pecador diante de Deus, diante de si mesmo e diante dos outros significa percorrer um caminho em direção à percepção e ao amadurecimento. Não é um processo espontâneo nem algo imediato, simples e fácil. Pouquíssimas vezes o ser humano reconhece o próprio erro, e ainda mais raramente o experimenta como "pecado". O que nos impede de sermos sinceros com nós mesmos? Que diferença existe entre o sentimento de culpa e a consciência do pecado? Como fazer despertar em nós uma autêntica consciência penitencial? Ser santo significa ser perfeito, sem pecado? Essas são algumas indagações que procuraremos esclarecer.

Capítulo Primeiro

A ilusão de ser justo

Sem nos admirarmos nem nos mostrarmos demasiadamente ofendidos, convençamo-nos imediatamente do seguinte: *mantemos em nossa vida uma estranha relação com o mal*. Uma relação que, talvez, poderíamos definir como amor-ódio. Sutilmente — e muitas vezes inconscientemente — atraídos e tentados por essa relação, não queremos admitir nossa falibilidade e nossas tendências, como que nos apavoramos com elas e recorremos a mil artifícios para afastar de nós a impressão de que erramos, como se errar fosse uma desonra, algo infamante. O estranho é que tudo isso é, muitas vezes, considerado como desejo autêntico de perfeição. Não falaremos das conseqüências. Com efeito, por força desse equívoco, somos muitas vezes levados a minimizar nosso erro, a reduzi-lo a simples transgressão, ou a uma série de gestos facilmente identificáveis. Proclamamo-nos pecadores, porém não nos sentimos profundamente como tais, sobretudo se nos comparamos com os outros, com os "pecadores" pelos quais rezamos. Ou, pelo contrário, sentimo-nos como que esmagados pelo nosso pecado, incapazes de reagir diante de qualquer obstáculo que seja maior que nós e que destrói, implacavelmente, nossos sonhos de perfeição. Também, neste caso, proclamamo-nos pecadores, mas com profunda desilusão e frustração, e nos incomodamos muito com a idéia de que os outros sejam melhores que nós.

Esses são apenas dois exemplos que nos fazem compreender como funcionam em nós — consciente ou inconscientemente — os *mecanismos de defesa,* cuja finalidade é exatamente proteger nossa auto-estima, mas que, na realidade, impedem-nos de ser verdadeiros conosco (e com os outros), e, enquanto nos iludem com o fato de que somos justos, privam-nos da experiência mais rica e enaltecedora que o ser humano jamais poderá realizar: a da misericórdia de Deus. Vejamos a seguir alguns desses mecanismos.

1. A pretensão de eliminar o mal

Uma primeira forma possível de distorção perceptiva nos confrontos do pecado é a determinada pela pretensão de *cancelá-lo inteiramente* da própria vida. Trata-se de uma pretensão implícita, jamais confessada a nós mesmos, que tem suas raízes numa necessidade presente em todo ser humano, ainda que nunca se fale dela: *a necessidade de onipotência.* É um impulso que irrompe quando a autoestima está ameaçada pela constatação do próprio erro. Então, como que em socorro desta, nasce essa pretensão infantil — de modo algum rara, mesmo em nossos ambientes — de simplesmente "cancelar" de nossa vida a realidade do mal.

A conseqüência imediata disso é que o próprio eu fica como que dividido em duas partes: uma boa e a outra não. Como é incômodo reconhecer e carregar a parte negativa de si, ela é progressivamente afastada dos próprios olhos e, por assim dizer, reduzida ao mínimo, enquanto toda a própria consideração fixa-se na parte positiva, ou presumida como tal, com a intenção de se construir e depois defender uma imagem de si, somente positiva. A conclusão a que se chega é a de se ter finalmente identificado e isolado o "inimigo" — chame-se ele o próprio defeito predominante ou não — para poder agredi-lo com todas as forças, até fazê-lo desaparecer de todo.

Mas está exatamente aqui o equívoco, fonte de frustrações, desperdícios de energia, depressões intermináveis. Porque o *ser humano não pode jamais eliminar, totalmente, da sua vida o mal*. Este faz parte de nós e da nossa história, liga-se profundamente a nosso coração e a nossos membros. Revela muita simplicidade quem o reduz a alguns gestos e comportamentos errados, como se o resto da personalidade pudesse ficar isento dele. Demonstra ingenuidade quem julga poder extirpá-lo, de modo a não sentir mais atração por ele.

É importante, sobretudo, compreender que essa presunção falseia nosso relacionamento de criatura com Deus. Mesmo escondendo-se atrás de propósitos de santidade e de dedicação apostólica, ela provém de uma sutil ambição narcisista que será, depois, descoberta e traída pelos seus próprios frutos. De fato, empreender essa luta sem tréguas contra o próprio mal, confiando mais ou menos cegamente nas próprias forças (*isto é*, a própria área considerada positiva), significa ir ao encontro de uma amarga desilusão. O mal, absolutamente não-cancelado, ressurgirá com a mesma força ou com uma força ainda maior, porque a pessoa usou um *método* (enfrentar diretamente o problema apoiando-se nas próprias forças) e um *objetivo* (eliminar totalmente o mal) em si errados e de fato impraticáveis, apesar do notável emprego — e desperdício — de energia.

Com a desilusão, ocorrerão *a depressão e a raiva contra si mesmo, a intransigência diante do mal dos outros* — como projeção da impaciência contra si mesmo — e a *mania perfeccionista*, as quais são o último recurso para iludir-se de que é justo.

Mas pode também suceder que o indivíduo, obrigado a admitir a inutilidade dos seus esforços, passe do empenho ousado à total falta de empenho. Como se disséssemos que o indivíduo passa da pretensão de eliminar o mal pela raiz à rendição incondicional diante dele.

2. A tentativa de ignorar o mal

Outra falsa atitude diante do pecado consiste na tentativa, mais uma vez inconsciente, de ignorá-lo ou minimizá-lo, mas de maneira diferente. A pessoa relega simplesmente ao inconsciente a sensação da sua negatividade. Não se preocupa em identificá-la, "concentrando-a" numa precisa atitude pessoal, para depois combatê-la com veemência, como no caso precedente. Experimenta, quando muito, uma vaga sensação de inquietação, porém não se perturba mais com ela. É uma pessoa, de maneira geral, tranqüila, difícil de entrar em crise, mas também de entusiasmar-se. Vive satisfeita consigo mesma e com as próprias "observâncias" e, de certo modo, sempre pronta a auto-absorver-se ou a conceder a si mesma "descontos" em casos de emergência. Tranqüila e medíocre como é, bastar-lhe-á saber precisamente o que não se pode fazer (pecados mortais) para satisfazer seu reduzido nível de aspirações na vida espiritual ("basta viver em graça...").

Não poderia ser de outro modo. Para atender à santidade é importante o sentido do próprio pecado. Os santos sempre se consideram, e com plena sinceridade e verdade, grandes pecadores. É notório que o caminho para a perfeição, quando verdadeiro, implica uma crescente tomada de consciência do pecado.

Também nisso há uma verdade fundamental esquecida ou não suficientemente considerada: a que nos lembra de que o ser humano "é concebido na culpa" e é pecador muito em profundidade. Portanto, é próprio da pessoa inconsciente sentir-se tranqüila simplesmente por "não ter feito nada de mal"... No fundo, e sempre sem maldade, existe aqui uma forma enganosa de pusilanimidade: é como se o indivíduo tivesse delegado a outros sua salvação, sem sentir profundamente necessidade de um Salvador e a grandeza de ser salvo.

As reivindicações do inconsciente

Sem dúvida há vantagens em relegar para o inconsciente o sentimento da própria culpa: vive-se tranqüilo, como já se disse, sem escrúpulos e excessivas tensões de perfeição. Tem-se um conceito positivo de si e, considerando-se tudo isso, deixa-se que também os outros vivam. Mas o inconsciente, sabemos bem, não dorme; e se for um inconsciente negativo, influirá negativamente em nossa vida. Tendências, emoções, instintos, por nada recomendáveis, poderão agir, sem serem perturbados, na penumbra da nossa psique e tornar-se motivação que leva a comportamentos correspondentes, sem que os possamos controlar. *O que sempre mais temos deixado de lado, torna-se, aos poucos, senhor do nosso coração.*

E surge a seu modo. Temos, então, o tipo "tranqüilo", que se vê intimamente irado ou com certa antipatia, querendo livrar-se disso tudo com violência. Tal irritação e tal violência não lhe acontecem por acaso: são conseqüência de gestos ou sentimentos por longo tempo alimentados dentro de si, sem que a pessoa se sinta culpada por isso, mesmo os considerando ruins. É como se essas faltas veniais repetidas se tivessem sedimentado no inconsciente, dando lugar a estímulos agressivos sempre mais exigentes e sempre menos controláveis.

Ou, então, há o tipo "satisfeito consigo mesmo", que nota em si um crescente sentimento de inferioridade e inadequação. É como se surgisse de novo um misterioso sentimento de culpa (conscientemente rejeitado) que o torna inseguro e medroso, incapaz de enfrentar os compromissos da vida e de se arriscar.

Enfim, outra possível reivindicação do inconsciente é o tipo "medíocre" que, à força de conceder-se compensações e permissões várias, forma, aos poucos, "a sua" moral, em que quase tudo é lícito e o pecado grave se torna tão casual que não atinge, assim ele acredita, sua opção fundamental. É o auto-engano: o que quisemos ignorar ou minimizar surge novamente por outra via, ou se aninha no coração, perturbando e complicando nossa vida.

3. A obsessão da culpa

A consciência de muitas pessoas, mais do que se crê, é muitas vezes agredida por fantasmas de um pecado talvez jamais cometido ou pela dúvida de não merecer o perdão. Provavelmente, todos nós, de uma maneira ou de outra, vivamos, por algum tempo, o drama da culpa excessiva e não redimida. Entretanto, é um sofrimento que poucos compreendem, mesmo entre os confessores, e um drama com um nome preciso: o escrúpulo.

Tentemos, logo, uma definição descritiva: a escrupulosidade faz parte daquele gênero de conduta que a psicologia define como autopunitiva, ditada por um *sentimento inconsciente de autocondenação e por uma conseqüente necessidade de expiação. Manifesta-se por dúvidas excessivas que têm por objeto a conduta do indivíduo de ser perdoado. Manifesta-se, ainda, por gestos repetitivos, com finalidade expiatória, e busca contínua de uma confirmação dos outros.*

Dois elementos aparecem, imediatamente, como centrais: o irritante subjetivismo e a total invasão psicológica do sentimento de culpa. Com efeito, é o sujeito que se sente culpado que se condena e se tortura por uma culpa que existe sobretudo em *sua* mente, mas invade seu ser. De fato, essa conduta autopunitiva representa outra forma de não-integração do mal. Se o ser humano, como diz Buber, é o ser capaz de se tornar culpado e de explicar a sua culpabilidade, o escrupuloso constitui uma exceção: não se torna, mas sente-se sempre culpado, e de uma culpabilidade que ele mesmo não sabe explicar por mais que se veja obrigado a pensar sempre nela. Vejamos o porquê disso, observando a evolução psicológica do escrúpulo.

A ilusão

Há um equívoco, como sempre inconsciente, na origem de uma história de escrúpulos: "eu não devo errar". O desejo de perfeição é confundido com um *sonho de infalibidade*. Equívoco perigoso, porque induz a sonhar o impossível e, simultaneamente, leva o indivíduo a ensimesmar-se e a concentrar toda a sua atenção, de modo meticuloso e quase obsessivo, em suas ações e em seus progressos. Naturalmente, a ilusão é inconsciente, mas os progressos "deverão" ser bem visíveis...

A pretensão

Do sonho de impecabilidade à *pretensão de definir o próprio eu ideal*, o caminho é curto. Sempre sem se dar conta disso, o indivíduo quase toma o lugar de Deus para definir o que é bem e o que é mal para si mesmo e programa, para seu crescimento espiritual, um plano de objetivos muito difícil de se atingir, mas que satisfaz as próprias ambições espirituais. Ele próprio é quem define as condições precisas que tornam correta, ou perfeita, sua conduta.

Não percebe que, agindo desse modo, está impondo uma perfeição legalista aos seus atos e lhes dando importância excessiva, como se a salvação dependesse deles, com o risco de não levar muito em consideração os valores elementares (por exemplo, o serviço, a gratuidade, o perdão etc.) que se manifestam no dia-a-dia e não enaltecem visivelmente o eu.

O medo

Com essas premissas, é lógico esperar um temor insensato, o de *admitir o próprio pecado*. Com efeito, reconhecer-se pecador significaria admitir o próprio fracasso. Seria como o fim de um sonho...

E então, como sempre sucede com o que se teme muito, o escrupuloso: *vê pecado em toda parte,* penaliza os sentimentos, confunde a tentação com a culpa e o prazer com o pecado; aumenta-lhe a gravidade, como se só existissem pecados graves, dos quais se sente plenamente responsável, sem atenuantes; *encontra-o em transgressões simplesmente veniais,* em detalhes mínimos, talvez para evitar confrontar-se com as exigências mais centrais da vida moral e não sentir que falta ao respeito com relação a elas (escrupulosidade de compensação).

A desilusão

Quanto maiores forem as expectativas perfeccionistas, tanto mais prováveis serão as quedas, quer porque as pretensões são irrealizáveis, quer porque o indivíduo vive numa tensão insuportável que lhe tira as energias e o torna mais vulnerável. E com as quedas vêm a desilusão, a desconfiança, a raiva de si mesmo e muita amargura no coração por ter o indivíduo faltado às promessas e ter descoberto que é fraco.

É esta, na realidade, a verdadeira raiz de seu descontentamento: não tanto saber que ofendeu a Deus, mas constatar a própria fraqueza. Um sentimento de culpa que nasce mais do amor-próprio ferido que da consciência de ter "ferido" o Amor divino.

A condenação

Nesse ponto, irrompe a condenação do eu. Poderá parecer estranho, mas também essa condenação é expressão do narcisismo. De fato, representa uma afirmação do eu, ulterior e distorcida, ou a conseqüência exasperada de um processo de autolesão moral. Se é, de fato, o eu que escolhe autonomamente os valores e fixa os objetivos para sua auto-realização ascética, poderá realizar grandes projetos de santidade, empenhar-se ao máximo e dar prova de coerência e severidade para consigo mesmo, mas há algo que não saberá nem poderá jamais fazer: aceitar o próprio mal e perdoar-se. O perdão só podia ser inventado por Deus, que quer o bem do ser humano, e não certamente por um eu que procura a si mesmo ou os próprios interesses espirituais com obstinada e simulada ambição. No fundo, não existe pior tirano que um eu ambicioso que só busca a si mesmo...

Se o escrupuloso se culpa, não o faz, pois, por delicadeza de consciência, mas por imposição de seu eu (ou de seu superego) que, ofendido em seu narcisismo, se vinga ou tenta reabilitar-se, condenando-se ou castigando-se de mil modos (busca excessiva de mortificações expiatórias, formas exageradas de ascetismo, rituais propiciatórios etc). E tudo sempre com uma pontinha de exibicionismo e a reemergente, e jamais adormecida, pretensão de perfeição.

A dúvida

Apesar dessa difícil tentativa de recuperação, o escrupuloso não resolve seu problema: não consegue a serenidade interior nem a certeza do perdão. E isso por dois motivos. Antes de tudo, porque é *sempre o eu que quer realizar esse programa de "reabilitação"*: esse pequeno eu que presume, mediante seus atos de penitência, ter a garantia da *sua* recuperada inocência e pensa que está perdoado somente graças às *suas* confissões repetidas (como se o perdão estivesse ligado à quantidade de absolvições).

Surgirá, então, em vez da confiança na misericórdia divina, o costumeiro mecanismo narcisista (pretensão de ser perfeito e medo de não o ser), que, dessa vez, acabará numa espécie de mania obsessiva: "Será que me confessei bem? Terei dito tudo? Deverei confessar-me outra vez? Terei feito penitência suficiente?" É a clássica dúvida do escrupuloso, um verdadeiro sofrimento, difícil de compreender e, mais difícil ainda, de suportar. É, porém, a conseqüência lógica de um equívoco imperdoável: o escrupuloso impõe-se à confissão, mais como uma punição que como uma busca de encontro com a misericórdia divina, que perdoa e dá segurança.

Existe ainda outra razão, ligada, de modo particular, à natureza do perdão. Parece evidente que, para sentir-se perdoado, é preciso, antes, sentir-se pecador. O escrupuloso *não se sente perdoado, simplesmente por não ter tomado consciência da verdadeira natureza do seu pecado.* Vive com medo de descobrir a própria culpabilidade. Portanto, não aceita ser radicalmente pecador. Vê pecado nos acontecimentos mais triviais, exatamente para evitar a idéia insuportável de sentir-se pecador nos grandes.

Nesse ponto, se o seu sentido de pecado é tão restrito, que experiência de perdão radical e "definitivo" poderá realizar? Multiplicará confissões, mas permanecerá na dúvida fundamental: "Posso merecer o perdão e o amor de Deus?" É essa sua verdadeira dúvida ainda narcisista, como a reflexão que se seguirá a ela, semelhante a uma *ruminação* sem fim, que tem por objetivo o próprio eu e não o amor de Deus. Um amor que o escrupuloso corre o risco de não descobrir nunca como maior que o seu próprio pecado.

Terapia antiescrúpulo

É possível extinguir a dúvida asfixiante do escrúpulo ou, pelo menos, assumir uma atitude diferente, mais livre e libertadora, diante dele. Eis algumas normas indicativas:

1) *Livrar-se do narcisismo*: se olhar demasiadamente o próprio eu pode tornar-nos doentes e, às vezes, escrupulosos, o remédio está em voltar o coração e a vontade para Deus, à escuta de sua palavra, e permanecer atento para descobrir as necessidades dos outros. Poderíamos dizer que é terapêutico tudo o que impede o escrupuloso de voltar-se para si mesmo e, pelo contrário, o estimula a liberar suas energias para um serviço concreto e criativo ao próximo. O escrupuloso tem muito mais necessidade de livrar-se do seu narcisismo inconsciente que de ouvir pregações sobre o perdão de Deus, tranqüilizar-se acerca de seu comportamento ou de obrigações e proibições várias.

2) *Esclarecer o sentido da vida moral*, livrando-a dos equívocos, por exemplo, de uma ética demasiadamente legalista (o dever pelo dever) ou repressiva, que vê o pecado em toda a parte e acaba por sufocar o espírito; ou tão sublime e exigente, a ponto de impor metas impossíveis; ou quase unicamente sexual, como se não houvesse outros aspectos da moral (mais de três quartos dos escrupulosos são atormentados por dúvidas na área sexual).

3) *Ter um guia espiritual*: é perigoso para o escrupuloso ficar abandonado a si mesmo ou mudar constantemente de confessor. Mas é importante que tenha seu diretor espiritual, um diretor que saiba unir a paciência à firmeza, que seja sereno, misericordioso, capaz de infundir confiança em seu dirigido e impedir que este se concentre continuamente

em si mesmo. Por sua vez, o escrupuloso procurará deixar-se guiar e ser obediente, resistindo à tentação de multiplicar as confissões, de acusar-se repetidas vezes do mesmo pecado, de fazer confissões gerais. Também deverá lembrar-se de que, em caso de dúvida sobre sua conduta moral, a suposição é sempre a seu favor. Tal obediência é sua verdadeira penitência; não precisa buscar outra...

4) *Aceitar o lento processo de cura*, dando um sentido ao próprio sofrimento. Não é verdade, como já se disse, que o escrúpulo é um sofrimento inútil. Pode tornar-se um sofrimento redentor se lhe for dado um significado, se for vivido diante de Deus e de sua misericórdia, se for progressivamente libertado das componentes egoístas e aceito como parte da própria fraqueza. Naturalmente, é um processo lento. Talvez o indivíduo escrupuloso jamais se cure completamente. O importante é que aceite livrar-se gradativamente de seu eu embaraçoso. Poderá, então, até se santificar, não obstante seus escrúpulos.

4. A trave no olho

Eram chamados de *meninos das chicotadas*. Viviam nas cortes reais inglesas no século XIX. Acompanhavam sempre o filho do rei, mas tinham também esse estranho encargo: quando o jovem príncipe cometia uma falta, eram castigados com o chicote no lugar do príncipe. Dessa maneira, a culpa era, de certo modo, expiada. Práticas de outros tempos, absurdas e bárbaras. Contudo, certo dia, numa comunidade, sucedeu algo semelhante. Lá não havia príncipes, chicotadas e meninos, é claro, mas a mesma operação intrapsíquica que *impele, inconscientemente, uma pessoa que comete um erro ou constata uma limitação, mas não o quer aceitar, a "transferir" a culpa e o castigo para uma outra.* É o velho e infantil mecanismo da projeção. Uma outra forma de não-integração do mal.

A projeção constitui, de fato, um modo muito primitivo de libertar-se da própria culpa, descarregando-a nos outros. Todos nós, mais ou menos, somos tentados a fazer uso da projeção, pelo menos alguma vez na vida. Poderíamos, talvez, afirmar que esse mecanismo é responsável por vários problemas e dificuldades de relacionamento em nossas comunidades.

O que existe na origem dessa projeção do próprio mal nos outros? De um lado, o costumeiro medo ancestral do próprio pecado, que leva, às vezes, a ignorá-lo. De outro, mais particularmente, a sensação de poder combater melhor o que está fora do próprio indivíduo e não lhe diz respeito diretamente. É, então, que o ser humano "projeta", isto é, critica, acusa, julga e, às vezes, condena, recusa, despreza... Desse modo, tem a impressão de ter feito algo contra esse mal. Não percebe, porém, que o mal tratado, desse modo, está complicando-o, talvez arruinando os relacionamentos interpessoais, e não está, de modo algum, sendo eliminado de sua vida.

O bode expiatório

Uma primeira forma de projeção, a mais clássica, é aquela que *atribui, inconscientemente, a determinada pessoa, sentimentos, intenções, atitudes ligadas aos próprios atos da imaturidade.* É como se o outro se tornasse uma tela cinematográfica na qual projeta sua própria negatividade, suas culpas, ou aqueles aspectos do eu que o indivíduo não aceita ou não integrou em sua identidade. Uma trave no olho impede-o de perceber que tudo o que contesta no outro é de sua propriedade. Na realidade, não sabe aceitar o outro nem a si mesmo. Como descobrir essa projeção? Geralmente há um conjunto de sinais que faz pensar no surgimento desse processo:

1) *A rigidez e a repetitividade do juízo,* que deixam pouca ou nenhuma esperança de uma melhora real do outro. Parece quase "ser necessário" que o outro seja exatamente assim e não possa mudar (para continuar a iludir-se que o "problema é dele, e não meu"), com a conseqüente "indução" de um comportamento correspondente. Com efeito, sabe-se que cada pessoa, por sua vez, induz quem vive a seu lado a comportar-se exatamente segundo a idéia que tem dele.

2) *Uma acentuada intolerância com relação ao outro,* cuja simples presença incomoda, comporte-se ele como se comportar ("não agüento nem a maneira como ele fala"). Tal intolerância culmina na antipatia declarada (de certo modo, autojustificada) e na irritação mais ou menos expressa (sinal de que o problema não está, de modo algum, resolvido e o mal, em absoluto, eliminado).

3) *A condenação demasiado fácil e imediata* como expressão inconsciente de um desejo de estar completamente indene e livre do mal. Esse mal é condenado no outro para nos iludirmos de que já o vencemos e afastamos de nós mesmos. E, normalmente, são condenações bastante severas, sem apelação, até com conotações proféticas, mesmo que não-verbalizadas.

Expressão típica e exasperada dessa primeira forma de projeção é a criação do *bode expiatório*: um membro da comunidade é visado e insistentemente acusado e contestado por suas culpas e, também, pelas dos outros. Talvez seja realmente um irmão fraco, que comete mais faltas que os outros. Ou talvez, diferentemente dos outros, seu único erro consiste em cometer faltas diante dos outros, de modo evidente, à luz do sol... Caso se torne o alvo de uma projeção, será o irmão que sempre comete faltas, que nada entende e que retarda a caminhada comunitária, porque tem esse ou aquele defeito. Não se corrigirá jamais. É melhor que seja transferido...

Há algum tempo, conheci um religioso que tinha esse "carisma" particular: criar bodes expiatórios nas comunidades pelas quais passava (e tinha passado por diversas). O interessante é que todas as pessoas visadas por esse "terrorista" da vida comunitária mostravam semelhanças singulares de personalidade e eram acusadas, quase sempre, das mesmas atitudes, daquelas imaturidades que ele mesmo não só não tinha vencido, como também nem sequer reconhecia em si. É verdade: teoricamente o bode expiatório poderia até se santificar se soubesse minimizar tais situações. Contudo, também poderia cair numa séria depressão ou ser impelido a gestos temerários de reação. Portanto, é melhor que nos decidamos a santificar-nos *juntos* por outra via, começando cada qual a assumir os próprios erros.

Grupo expiatório e estilo de vida

Outra possível forma de projeção surge quando alguém *descarrega, habitual e inconscientemente, sua negatividade no grupo*. Não necessariamente, portanto, uma pessoa se torna alvo da projeção. Pode, também, acontecer com um *conjunto* de pessoas, como a própria comunidade, "os outros", a própria congregação, ou mesmo a estrutura. Até o mundo ou a sociedade podem prestar-se a esse tipo de projeção, ou uma particular categoria de pessoas, por exemplo, os pecadores. Mais que uma técnica ocasional de projeção, teremos, então, um *estilo de vida, em chave projetiva*. Essa projeção habitual pode manifestar-se da seguinte forma:

• *Atribuir aos outros a má intenção*. É difícil, sabemos muito bem, compreender as verdadeiras motivações que nos levam a agir, muitas vezes, habilmente escondidas pelas nossas inconscientes táticas defensivas. Mesmo assim, essas pessoas conseguem descobrir, de repente, as motivações dos outros, naturalmente sempre negativas. Suas "descobertas", na realidade, não são fruto de longas pesquisas; são, antes, um *atribuir-se instintivamente algo* só vagamente percebido em si mesmo. Em outras palavras: quem é egoísta, sobretudo se o ignora, será levado a interpretar como egoístas as atitudes dos outros. Por isso é que, não raro, essas interpretações malignas são tão sutis e originais: quem as excogitou, com certeza já as viveu em seu dia-a-dia, é um "especialista" na matéria. O seu pensar mal dos outros torna-se um desabafo, manifestação de um mal-estar íntimo, como uma catarse libertadora, mas que revela e trai o que tem no coração. Se o princípio funciona, podemos dizer que, muitas vezes, nas constantes más interpretações das ações dos outros podem se esconder nossas próprias inconsistências.

A síndrome do fariseu

1) Outra forma elegante de projeção é a de quem se considera gratuitamente superior aos outros, a ponto de

desprezá-los, mais ou menos implicitamente, ou, pelo menos, de condená-los em seu coração. É uma atitude tipicamente farisaica, de que Lucas nos fala no capítulo 18, e que (parece estranho!) se manifesta exatamente num contexto de oração.

Quais as características dessa síndrome do ser humano "piedoso"? Antes de tudo, a *incapacidade de olhar para dentro de si, a falta de coragem para aceitar o próprio mal*. É como se o seu exame de consciência só se limitasse à área positiva, com conseqüências perigosas para o relacionamento com Deus e com as pessoas. De fato, na realidade, esse ser humano "rezador" não se comunica com Deus (Lucas diz que orava "interiormente"), porque orar é reconhecer a distância que nos separa de Deus e acolher, com gratidão, o Pai que vem ao nosso encontro, apesar da nossa indignidade e do nosso mal. Além da consciência desse mal, existe somente o monólogo vazio e presunçoso de quem "celebra" seu eu e seus méritos diante de Deus.

Se, por acaso, eu também me comporto dessa forma em relação aos outros, nascerá em mim uma singular *mania de contraposição,* que me levará, exatamente, a me convencer de que sou de fato melhor. E como? Fazendo um exame de consciência a respeito do outro, isto é, examinando-o precisamente quanto aos aspectos que considerei positivos em mim mesmo e sobre os quais, no confronto, sei que sairei vencedor. É óbvio que estarei muito atento a escolher pessoas que me permitam esse fácil confronto vitorioso; irei dirigir-me aos "publicanos" (ou os que me parecem como tais). Em todo caso, terei necessidade de encontrá-los: sem eles, não me sentirei bastante positivo ou não saberei onde descarregar a negatividade de que procurei livrar-me. Ficaria com um exame de consciência pela metade...

2) *O lamentador e o bajulador*. Assumiu a projeção como estilo de vida também quem sempre se queixa de todos e de tudo. É uma figura não rara em nossas comunidades. O que se projeta, neste caso, é sobretudo o mal-estar e o nervosismo determinados pelas inconsistências, especialmente pelas inconscientes. O *lamentador* é o tipo para o qual nada está bom, desde o sal da sopa, o plano de apostolado da comunidade, os coirmãos, até os superiores. A comunidade e o Instituto serão alvos freqüentes das queixas dessas pessoas que, geralmente, fora da comunidade (não se sabe o porquê), encontram quase sempre pessoas maravilhosas e institutos melhores que o seu...

Outra variante dessa modalidade projetiva é constituída pelos *bajuladores ou fofoqueiros de corredores*: também esses sempre criticam tudo, mas preferem fazê-lo em voz baixa, sem comprometer-se, às ocultas. Mas quando se trata da obrigação de falar, ficam repentinamente sem coragem de manifestar a própria opinião. Ou então, o *tipo do contra*, que parece sentir prazer em se opor aos demais...

Todos esses tipos são simplesmente indivíduos que não se aceitaram ou se iludiram, pensando resolver seus problemas descarregando-os nos outros. Desperdiçam energias para "ver o cisco nos olhos dos outros e não ver a trave nos seus". Querem evitar o peso do próprio pecado e sentem um peso maior no coração. Entretanto, com um pouco de honestidade consigo mesmos, esse peso começaria a ficar leve.

CAPÍTULO SEGUNDO

Verdadeiro e falso sentimento de culpa[*]

Conseguir reconhecer, objetivamente, o próprio erro, evitando as ciladas dos mecanismos de defesa, não quer dizer, ainda, sentir-se pecador. A experiência subjetiva do mal pessoal tem diversas ressonâncias possíveis: o indivíduo pode sentir-se simplesmente culpado, ou chegar a descobrir que é pecador. É um processo de amadurecimento progressivo da própria consciência penitencial que deveria permitir-nos passar da sensação de culpa à consciência de que somos pecadores. Na realidade, isso nem sempre acontece: nem todo sentimento de culpa leva a essa maturação progressivo. Dentro dessa mesma experiência de culpa há diversos matizes de atitudes. Há um sentimento de culpa construtivo, essencial para sermos pessoas responsáveis e capazes de crescer. E há um sentimento de culpa destrutivo e infantil, que fecha o eu sobre si mesmo e o impede

---

[*] Este capítulo foi escrito por Alessandro Manenti.

de amadurecer. Como compreender a diferença e favorecer o sentimento de culpa construtivo e libertador?

Antes de tudo, livremos o campo de falsos preconceitos, como: *a culpa é sempre um sentimento mau, a culpa inibe, hoje não existe mais sentimento de culpa.* Trata-se, ao contrário, de distinguir os diversos tipos de culpa: alguns nocivos, mas outros úteis para o crescimento da nossa consciência penitencial. Em seguida, devemos reconhecer que esse sentimento é inevitável no ser humano (a menos que se trate de casos patológicos). Está, portanto, presente também no ser humano de hoje, que, no máximo, procurará, inutilmente, cancelá-lo. O objetivo torna-se, então, *favorecer um sentimento sadio de culpa e eliminar a que for destrutiva.*

Podemos distinguir quatro tipos de culpa: dois construtivos e dois destrutivos.

1. Culpa construtiva

Culpa ontológica e existencial

Tornando-se adulto, o ser humano percebe que a vida não continua por acaso, mas exige uma série de decisões. Desenvolve-se sempre entre dois pólos: de um lado, o risco e, de outro, o medo.

Arriscar para ir em frente, fazer novas opções, assumir responsabilidades antes desconhecidas.

Medo, porque tudo isso significa algo imprevisível. Abrir mão das posições familiares e encorajadoras para fazer opções novas, desconhecidas. Se o ser humano quiser crescer, deverá passar do velho para o novo, do programado para o criativo. E vive-se isso com uma tensão sadia de crescimento. Por outro lado, a culpa ontológica aparecerá toda vez que perdermos a ocasião de avançar para o futuro e permanecermos comodamente estacionados.

Portanto, seja bem-vindo esse sentimento de culpa. Se não existe, precisamos fazê-lo aparecer, pois ele nos revela a ocasião perdida e nos lembra — mesmo de forma negativa — da necessidade de arriscar e de tentar.

Culpa reflexiva

É o sentimento de autocrítica que nasce da consciência. Sua base não é instintiva (ânsia, medo de punição, autocondenação), mas cognitiva. Nasce da capacidade de julgar a si mesmo em termos de valores morais interiorizados.

Não se trata, por isso, de rejeição de impulsos internos inaceitáveis, nem do medo por causa das conseqüências, nem mesmo do simples pesar por ter prejudicado os outros. Aqui está implicada a consciência de não ter estado à altura dos ideais realistas nos quais eu creio. É, portanto, um sentimento racional, que nasce de uma maturidade cognitiva (capacidade de autocrítica) e moral (sensibilidade aos apelos que me foram feitos pelos ideais transcendentes).

Culpa positiva, portanto, que nasce da comparação entre o meu eu e os valores que me solicitam: a consciência de ter transgredido um estilo de vida livremente aceito.

Esses dois tipos de culpa nascem de uma estrutura psicológica sadia: de alguém que levou a sério a vida como uma série de opções pessoais a serem realizadas, e que ancorou a própria existência em projetos ideais.

2. Culpa destrutiva

Diferente é a culpa destrutiva, que esconde os conflitos inferiores de origem psíquica e bloqueia ou freia o crescimento.

Culpa psicológica

É aquele sentimento que não deriva da reflexão sobre a própria situação quanto ao ideal a ser atingido. É, antes, um sentimento imediato e irracional. Um sentimento de angústia e de autocondenação que, às vezes, atormenta-nos e nos faz sentir dores de estômago. Por exemplo, a angústia por ter transgredido uma proibição e, por conseguinte, o medo do castigo. Ou, então, a autocensura por não ter sido digno da confiança de alguém, e, portanto, o medo de perder o seu amor. Ou, ainda, a humilhação de aparecer a nós mesmos com a nossa imagem distorcida.

Esse tipo de culpa não se refere ao pesar por ter perdido o ideal, mas ao desapontamento por não ver realizado o desejo de sermos amados, reconhecidos, valorizados. Humilhação essa que anula a capacidade de reagir. Antes, pode levar-nos a perpetuar o erro: como sou uma pessoa que não serve para nada, posso perfeitamente continuar a resignar-me.

Culpa inconsciente

Nasce de impulsos reprimidos, porque inaceitáveis, mas que voltam à consciência. É o "retorno do que tinha sido removido": estar certo de que possuo impulsos inaceitáveis irrita-me. Autocensuras humilhantes, submeter-se a privações para punir-se, sentir-se culpado por ações que não merece, escrúpulos injustificados, exames de consciência torturadores demonstram que o indivíduo está com raiva de si mesmo. É a lógica do "não podendo agir de outra maneira, torturar-me-ei por dentro".

3. Como compreender

E, então, o meu sentimento de culpa é construtivo ou destrutivo? Um tabu clerical ou uma experiência de crescimento? A esse propósito, são úteis dois critérios: discernir a causa e o efeito da culpa.

A *causa* da culpa construtiva é a consciência de ter transgredido um valor importante para mim (sinto, porque perdi o verdadeiro sentido de minha vida). Ao contrário, a causa da culpa destrutiva é o medo do castigo (real ou imaginário) proveniente dos outros ou de mim mesmo: agora me acontecerá uma desgraça; o que farei se os outros perceberem isso? Este pecado não foi cometido por mim, não é meu! São situações que podem ocorrer com os outros, não comigo...

No primeiro caso, sente-se pesar por um valor perdido; no segundo, sente-se vergonha pelo vexame da represália.

O *efeito* da culpa é a resistência à tentação: não o farei mais! Mas por que resistir? Na culpa construtiva, a resistência fundamenta-se em princípios internos: não o farei mais porque quero reconfirmar em minha vida o valor que perdi. Também a culpa destrutiva me faz resistir (até certo ponto!), mas por razões externas ou afetivas: não o farei mais porque não quero mais sentir dor de estômago, porque é humilhante ter de confessar-me.

4. Na culpa para ser livre

Aqui devemos pensar em nossa moralidade: nossa boa conduta é sustentada por valores que amamos e nos quais acreditamos, ou por critérios pessoais? Podemos deixar de transgredir por medo de sermos descobertos, pela necessidade de ver-nos confirmados em nossa retidão, pelo temor das conseqüências ou de uma represália. Infelizmente, são o medo e a vergonha, e não o amor e a convicção do valor, que nos levam à não-transgressão.

Culpa destrutiva e construtiva: aquela é o remorso (experiência psicológica) e esta, o arrependimento (experiência moral). O remorso nos liga ao erro; o arrependimento nos livra dele. Livres para nos sentir genuinamente culpados e assim descobrirmos a beleza do valor perdido.

Capítulo Terceiro

Do sentimento de culpa à consciência do pecado

O sentimento de culpa verdadeiro e construtivo é a consciência de ter transgredido um valor importante, o pesar por ter perdido esse mesmo valor. Mas o ser humano pode ir além dessa consciência e desse pesar. Pode passar da consciência psíquica e moral à consciência *religiosa*. Na experiência às vezes dramática que ele tem do mal, há uma possível ressonância ulterior, além da consciência de sentir-se culpado diante da própria consciência: descobrir-se *pecador diante de Deus*. É a passagem do sentimento de culpa para a consciência do pecado. Uma passagem por nada suposta, e que, no entanto, revela a maturidade da nossa fé.

Tem consciência do pecado somente quem se coloca diante de Deus e descobre, arrependido, que o ofendeu. De fato, sem Deus não há bem nem mal, mas, quando muito, uma avaliação ética subjetiva, exposta à ambigüidade e a visões míopes. Com efeito, bem é o que corresponde ao projeto de Deus e mal é o que se opõe a esse projeto. Nesse sentido, o pecado é essencialmente uma realidade religiosa. E o próprio mistério do pecado revela-se ao ser humano somente quando ele se aproxima de Deus e descobre o seu ser pecador como ruptura do relacionamento com Deus. Por isso, a primeira experiência que o ser humano faz quando encontra Deus é a de ser pecador; talvez seja definitivamente um sinal do encontro ocorrido, pelo que poderíamos dizer: *não é verdadeira a experiência de Deus que não leva à consciência do próprio pecado.*

Sabemos muito bem disso. Mas queremos perguntar se é essa a efetiva experiência psicológica que fazemos da nossa limitação moral, e como eventualmente construí-la em nós, dentro de um processo de integração do mal. Com outras palavras: percebemos o nosso erro como ofensa a Deus mais e antes que a nós mesmos? E quando nos confessamos, acusamo-nos de culpas ou de pecados? Como chegar, então, à consciência de pecado?

1. Ele é o "Altíssimo" (Sl 46,5)

Na bula de proclamação do jubileu da Redenção, o papa escrevia: "É preciso redescobrir o sentido do pecado e, para chegar a isso, é mister redescobrir o sentido de Deus". Que significa essa redescoberta para nós e para quem pensa "tê-la descoberto"? Na Bíblia, o sentido de Deus que tinham nossos pais na fé parece caracterizar-se por um mesmo elemento central: *a transcendência de Deus.* Creio que sobre isso temos muito que aprender e redescobrir. Como somos grandes niveladores, e teóricos do igualitarismo a todo custo, arriscamo-nos a não notar mais a grande admiração que toma conta de quem se aproxima do divino, pela primeira vez, e o descobre como um ser diferente de si, bem além de tudo que o cerca e dos seus pensamentos, distante da sua vida, porque é o Altíssimo, o Santo, aquele que ninguém pode ver...

Acostumados ao divino, encontramo-nos sem o "temor de Deus" e, em nossa insensata intromissão, não nos damos conta da voz misteriosa que nos admoesta: "Não te aproximes daqui; tira as sandálias dos pés porque o lugar em que estás é uma terra santa" (Ex 3,5). Contudo, o crente é aquele que, diante da revelação da grandeza de Deus, sente uma necessidade instintiva de retirar-se, de deter-se, quase pedindo desculpas por ter ousado tanto. Assim como Moisés, diante da sarça ardente, ou Pedro, depois da pesca milagrosa: "Afasta-te de mim, Senhor, porque sou um pecador!" (Lc 5,8). Assim como o publicano: "O publicano, mantendo-se a distância, não ousava levantar os olhos para o céu" (Lc 18,13). Ao contrário do fariseu da mesma parábola, que acreditou poder "ficar em pé" diante de Deus, estabelecer o confronto sem problemas, como se fosse igual a ele, como se Deus fosse somente um amigo...

Com tal pretensão, muitas vezes habilmente escondida em projetos sentimentais de intimidade, é difícil, até certo ponto, alguém se descobrir pecador. Se a amizade com Deus não passa pela descoberta da transcendência, ou, de certa forma, não nasce dela, é uma amizade falsa que jamais nos levará à consciência do pecado.

2. "Deus a quem louvo, não te cales!" (Sl 109,1)

A percepção da grandeza e da impenetrabilidade de Deus, por si mesma, afasta e perturba. É assim, pelo menos no começo. É um precioso momento de provação e de crescimento, no qual vemos fracassar nossas tentativas de conquista fácil do divino e o desejo de conhecer Deus se purifica. Ao mesmo tempo, torna-se mais forte a consciência de que só ele pode vir ao nosso encontro, e mais ardente torna-se a oração: "Não me sejas surdo; que eu não seja, diante de teu silêncio, como os que descem à cova!" (Sl 28,1). Quando essa súplica é verdadeira e a espera é paciente, Deus não se omite e nos atinge com aquela palavra que anula toda distância, tornando-nos seus interlocutores.

Podemos comunicar-nos com Deus! Sua palavra coloca-nos diante dele, símbolo de vontade de diálogo, de amizade, de intimidade. Aquele que eu nunca teria podido conhecer nem ver por mim mesmo, com as minhas intuições do divino, com as minhas súplicas, resolveu fixar residência em minha casa: "Hoje devo ficar em tua casa" (Lc 19,5). Mas foi importante experienciar, antes, minha impotência e enchê-la de oração, sofrer sua ausência e aceitar sua inefabilidade.

Se não se passa pelo deserto da transcendência, não se pode, depois, desfrutar a revelação. Se não se sentiu o silêncio de Deus, não se pode, depois, valorizar o dom da sua Palavra e, muito menos, usufruir sua riqueza. Com efeito, dentro dessa Palavra descobrimos o projeto que o Pai tem para nós, nossa vocação, aquilo que somos chamados a ser. Uma palavra diferente, que Deus Criador pronuncia para cada um de nós e nunca mais se repete, e que cada um só pode escutar com gratidão para depois empenhar-se a vivê-la. Agradecido, porque aquela palavra, junto com o meu nome, revela-me o semblante de Deus, como de um bom Pai a me indicar o caminho que conduz a ele, única fonte da minha alegria e da minha realização. Não é uma palavra qualquer, mas palavra que me é dirigida para revelar-me o interesse e a benevolência do Pai por mim. *Aceitar esse amor é condição indispensável para o indivíduo fazer nascer em si a consciência do pecado e sentir a dor de ter ofendido essa divina vontade.* Quem não experiencia uma tal benevolência não poderá sentir, depois, arrependimento sincero por tê-la, de algum modo, rejeitada.

O fariseu da parábola de Lucas é uma prova do que estamos dizendo. Ele não se dirige a Deus nem tem necessidade de ouvi-lo, já eliminou as distâncias com as próprias palavras e se ilude pensando ter uma ligação direta com o Altíssimo. E como fala apenas consigo mesmo, encontra-se só com seus méritos e suas pretensões. Agradece a Deus, porque pensa estar sem pecado, e não porque se sinta amado por ele. De fato, não descobre nenhum projeto divino sobre si. Basta-lhe saber que é melhor que os outros. O seu monólogo é um palavreado vazio, exibicionismo de um eu que não tem outro deus além de si mesmo e que, portanto, paradoxalmente, jamais "peca" ou sente algum arrependimento...

3. "Pratiquei o que é mau aos teus olhos" (Sl 51,6)

Nesse diálogo gratuito, e só nele, é possível descobrir o próprio pecado e considerá-lo como ofensa a Deus. Pecar, de acordo com o termo original hebraico, quer dizer, de fato, "errar o alvo". Aquele alvo que Deus fixou em nossa vida e que corresponde ao seu projeto para nós. A descoberta do pecado está ligada à revelação desse projeto. Quanto mais a revelação aparece e se torna uma proposta precisa de um modo de ser, de realizar-se, de amar, de servir, de discernir, tanto mais a pessoa é obrigada a perceber quando está longe desse projeto existencial, dessa idéia divina.

Em outras palavras, quanto mais vivo for o diálogo com Deus, e fiel a escuta de sua palavra-projeto, mais profundo será o sentido do próprio pecado e a constatação de que os seus caminhos não são os nossos, nem os seus pensamentos e os seus projetos (cf. Is 55,8). Diante da luz, descobrimos que somos trevas; diante do amor, sentimo-nos egoístas, apesar de nossos jejuns e de nossas observâncias.

É uma sensibilidade nova e mais verdadeira, capaz de ler, em profundidade, no coração do ser humano e também de intuir o que se esconde atrás das suas "boas ações". Graças a ela o pecado é não só descoberto na raiz e em suas ramificações, mas sobretudo é *percebido como ofensa e ingratidão para com a bondade de Deus,* um não-corresponder ao seu projeto, desiludi-lo em suas expectativas, renegá-lo como Criador, e tornar vã sua palavra. É fazer o que é mau a seus olhos. E sinceramente arrepender-se de tudo isso.

4. "Tem piedade de mim, pecador!" (Lc 18,13)

A esta altura, a oração brota espontânea. Simples e essencial, como de quem se encontra em extrema necessidade. Apaixonada e vibrante, porque compreendeu que somente ele pode curar. Mas, sobretudo, verdadeira e coerente, porque nasce de uma experiência profunda do próprio pecado e da própria incapacidade de livrar-se dele.

Não é fórmula ritual nem ladainha que deva ser repetida em grupo, porque todos somos pecadores (sobretudo alguns...). Há um quê de trágico nesse confessar-se "pecador", porque é a confissão da distância infinita entre a santidade de Deus e a miséria do ser humano. Distância que parece destinada a afastar, inexoravelmente, o ser humano da vida.

Mas, então, quando percebo o drama psicológico do meu ser pecador é que posso abrir-me, realmente, para buscar o perdão. Aliás, o ato de pedir perdão faz parte ainda da consciência do pecado; é o seu elemento fundamental e integrante. Se, de fato, como dissemos, essa consciência nasce e amadurece diante de Deus e da sua transcendência, é inevitável que, num dado momento, encontre a misericórdia e a ternura divinas.

Aquela palavra que Deus me dirigiu um dia, anulando toda distância, continuará a chegar a mim, a fim de eliminar a inimizade criada pelo meu pecado.

Somente quem reconhece o próprio pecado e dele se arrepende diante de Deus pode descobrir sua bondade, esperar seu perdão e dirigir-lhe a oração mais natural: "Senhor, tem piedade de mim, pecador!" É como um gemido que sai silencioso do coração e aflora espontaneamente aos lábios. Experimenta-se a sensação serena de estar constantemente diante de Deus, na verdade do próprio ser que necessita de reconciliação.

Essa é, realmente, a oração do coração. Oração de quem encontrou o Senhor. Diariamente o procura e o encontra, com a súplica mais antiga e mais verdadeira que o ser humano já dirigiu a Deus: *Kyrie eleison*! (Senhor, tem piedade!)

Capítulo Quarto

Diante da Palavra

No noviciado, fazia-se regularmente, duas vezes por dia, além daquele especial, antes da confissão. Depois, aos poucos, fomos deixando essa prática e, talvez, até perdemos o seu sentido. Relegado para o fim do dia quando já estamos cansados, ele terminou por se tornar o desprezado de nossas "práticas de piedade": é feito às pressas e mal, segundo um esquema fixo e muito pobre, muitas vezes superado ou associado, exclusivamente, à confissão.

Todos já entenderam que estamos falando do exame de consciência. Entretanto, em nosso caminho de integração do mal, ele tem uma função precisa e insubstituível. Se queremos, de fato, evitar aquelas formas de não-aceitação do nosso pecado, que nos levam a ignorá-lo, descarregá-lo nos outros ou a ficarmos esmagados por ele, devemos aprender a reconhecê-lo dentro de nós mesmos e descobri-lo em suas camuflagens, convencidos de que, nesse campo, somos todos aprendizes, sobretudo quem não sabe que o é e pensa que o exame de consciência é tarefa para crianças que farão a primeira comunhão ou para noviças principiantes (para depois fazer confissões tão semelhantes, que já não se vê mais o sentido que elas têm, e se perde até a vontade de fazê-las).

1. Sob o olhar de Deus

Antes de tudo, é importante esclarecer algo: o exame de consciência é *oração*. Se orar quer dizer estar diante de Deus na verdade do nosso ser, o exame de consciência significa exatamente isto: é um encontrar-se com Deus através de nós mesmos, ou um deixar que Deus venha ao nosso encontro com aquela Palavra que nos perscruta, conhece-nos e revela o que somos.

Em todo caso, o exame de consciência não é simples introspecção psicológica, nem auto-análise complacente e sofrida, de vago sabor perfeccionista, com possível resultado depressivo; tampouco é gesto de intimismo circunscrito ao perímetro da nossa consciência. É, pelo contrário, um pôr-se diante de Deus, com a certeza de que olhar dentro de si com honestidade, deixando que ele nos veja como somos; é fonte de paz profunda. É um "reentrar em nós mesmos" sob o olhar de quem nos ama e nos conhece intimamente, em um diálogo que é, sobretudo, escuta confiante de sua palavra.

Um bom exame de consciência é, portanto, feito *diante da Palavra*: é a regra fundamental. Por quê? Porque só a Palavra pode me dizer o que é bom e o que é mau. E não só em absoluto, mediante um código e preceitos que vinculam a todos, mas também e sobretudo em referência à minha vida. Com efeito, Deus confiou a cada um uma vocação que só pode ser compreendida no pano de fundo da Palavra. E é sempre a Palavra que me revela, como já observamos.

2. Luz para meus passos

Essa, porém, nunca é uma revelação repentina e definitiva que, a certa altura, possa considerar-se concluída. Dia a dia, uma Palavra sempre nova e imprevisível, mas também concreta e circunstanciada, vem iluminar minha vida. Lâmpada para meus passos, revela-me o caminho que Deus traçou para mim, e, por contraste, desmascara aquele caminho que eu teimo em querer seguir. Referimo-nos à Palavra de Deus em geral, mas também, em particular, àquela que a liturgia *de cada dia* nos oferece: é o nosso maná, o pão cotidiano preparado, para cada um de nós, pela providência do Pai que sabe do que precisamos todos os dias. Nessa Palavra há um projeto sobre mim: a Palavra deve *realizar-se hoje* na minha vida. Conseqüentemente, dela parte, também, a análise e a descoberta de tudo o que em mim se opõe à realização daquele projeto. Exame de consciência, portanto, estreitamente ligado à *lectio*, ou diretamente parte dela, que se prolonga pelo dia e o conclui.

É importante redescobrir o valor da Palavra de Deus em nosso *dia-a-dia* e, ao mesmo tempo, salvaguardar a exigência psicológica da *unidade interior*. Se quisermos realmente progredir na vida espiritual, deveremos ter um único ponto de referência capaz de abranger coração, mente e vontade, e, em torno deles, estruturar nosso compromisso cotidiano. A Palavra do dia, lida à luz da própria identidade carismática, pode realmente tornar-se esse centro de atração e de tração de todo o meu ser, porque é Palavra a ser meditada com amor, saboreada na prática e acolhida como critério de meu viver.

Assim, se me deixo, *cada dia*, conduzir pela Palavra que me julga, lentamente se desenvolve em mim uma consciência mais profunda do pecado, não mais deduzível de um simples confronto com prescrições comportamentais ou com esquemas fixos de conduta. Desse frio confronto, facilmente saímos inocentes e sem culpa (com conseqüentes confissões monótonas e sem arrependimento). Do confronto com a Palavra de Deus, pelo contrário, sempre terei uma luz nova, que sacode minha inércia e me faz descobrir o mal que há em mim, não mais segundo minhas "tranqüilizadoras" categorias, mas segundo a lei de Deus. Essa lei que é minha alegria e minha paz, e que aprendi a amar (cf. Sl 119,165).

3. Espada de dois gumes

"A Palavra de Deus é viva, eficaz e mais penetrante do que qualquer espada de dois gumes; penetra até dividir alma e espírito, junturas e medulas. Ela julga as disposições e as intenções do coração" (Hb 4,12). Essa passagem põe em evidência outra característica fundamental da Palavra de Deus: *sua profunda capacidade de penetração.* "Tudo está nu e descoberto aos seus olhos", continua a mesma passagem, mesmo aquilo de que não tenho consciência ("absolve-me das culpas que eu não vejo") e que não aceitamos de nós mesmos, ou de que nos envergonhamos e gostaríamos de esconder...

Devemos ter consciência disso quando nos aproximamos da Palavra de Deus para o nosso exame de consciência diário, a fim de nos encontrar com a Palavra como quem se encontra com um amigo ou com uma pessoa que conhece tudo de nós, até o íntimo de nosso ser. Essa certeza nos dá serenidade, faz com que a Palavra nos seja familiar e, sobretudo, desarma-nos diante dela. Isso já seria um grande feito! De fato, muitas vezes tratamos a Palavra como se fosse algo estranho, quase com desconfiança ou como se fosse um hóspede de cerimônia digno de respeito, mas que está só de passagem em nossa vida... Neste caso, não estamos fazendo nenhum exame. Se, pelo contrário, abandonamos nossas inúteis defesas e nos tornamos vulneráveis, então a Palavra penetra dentro de nós até aquele ponto misterioso de divisão onde nasce o nosso eu. Ela nos provoca até fazer emergir o que somos, as nossas intenções secretas, os movimentos do nosso coração.

Para que isso aconteça, é indispensável observar algumas normas:

1) Antes de tudo, voltamos a dizer que o exame de consciência deve ser *cotidiano* e, portanto, diante da *Palavra da liturgia do dia*. É o que dissemos antes, mas aqui acrescentamos uma outra motivação. Somente um confronto contínuo diante de diferentes textos inspirados (e, portanto, diante de "toda" a Palavra de Deus) pode aos poucos criar em mim uma mentalidade evangélica e, conseqüentemente, uma sensibilidade atenta ao que, em mim, ainda se recusa a deixar-se evangelizar. O que somos no mais profundo de nós mesmos — diz uma lei psicológica — só pode vir à tona por meio de uma análise constante, à luz de estímulos distintos, mas homogêneos. Se, portan-

to, quero realmente que a Palavra perscrute meus sentimentos e meus pensamentos, devo fazer esse treinamento a cada dia (e não só quando vou confessar-me).

2) Para descobrir, no exame de consciência, minhas intenções, devo aprender a *descobrir as "intenções"— isto é, o espírito da Palavra*. Não basta ler a Escritura traduzindo seu conteúdo em prescrições comportamentais, mesmo porque a Bíblia não é só isso; é mister observar que tudo o que ela diz refere-se ao ser humano como um "todo", ao seu coração e à sua mente, não somente à sua vontade. Para que venha à tona o que há em meu coração, ela deve, portanto, ser lida, captando-lhe o "coração", e não apenas o fato ou a letra.

Tentemos um exemplo: as bem-aventuranças (Mt 5,3-12). Um exame de consciência diante dessa passagem do Evangelho não pode reduzir-se a uma verificação do meu comportamento, ou seja, se sou humilde, pobre, misericordioso etc. Ou seja, seria já um avanço, um primeiro passo indispensável, mas ainda insuficiente. É fundamental ir além, captar o sentido profundo daquela "bem-aventurança". É um verdadeiro e próprio convite a ser feliz pelo dom recebido, um apelo à alegria para quem se encontra numa situação de pobreza, injustiça, perseguição etc. Não se trata de uma palavra de consolação ultraterrena, que convida, moralisticamente, a suportar, à espera de um futuro remoto melhor, e sim porque *agora* — por estarmos aflitos, sermos puros ou insultados por causa do seu nome — está oculta uma íntima possibilidade de alegria.

E, então, sou "obrigado" a perguntar a mim mesmo: o que, concretamente, me faz deliciar-me ou sofrer? Quando vivo essas situações de opressão, de violência psicológica, de maledicência, qual é a verdadeira reação do meu coração, bem além dos gestos? Nessas vicissitudes sei aproveitar a ocasião para um profundo contato com Deus e uma experiência jubilosa da sua salvação? Sinto-me feliz quando perdôo? E assim por diante. É claro, então, que essas perguntas, encaradas honestamente, põem a descoberto minha realidade interior. Por sua vez, meu exame de consciência, provocado pela Palavra, torna-se eficaz e mais verdadeiro, como uma espada de dois gumes.

4. O bom ladrão

Finalmente, examinar-se diante da Palavra quer dizer encontrar-se diante da Palavra viva, Cristo, o Verbo do Pai. Todo confronto com a Palavra deve reconduzir-nos, inevitalmente, a ele. Diante do mistério da sua cruz, nossos pecados surgem com particular evidência, podemos reconhecê-los mais concretamente e percebê-los em profundidade em nosso coração. Mas, sobretudo, diante dele não temos medo de olhar para dentro de nós mesmos, porque sabemos que já estamos perdoados. *E a constatação do nosso pecado torna-se experiência do seu perdão.* Então, poderemos até deixar que o nosso coração nos repreenda, porque estamos certos de que Deus é maior do que nosso coração, e já nos perdoou na cruz de seu Filho. Ao bom ladrão bastou ser colocado junto de Jesus crucificado para, no mais rápido e salutar exame de consciência da história (da salvação), descobrir os seus pecados e perceber a bondade de Deus. Talvez devamos aprender a fazer o nosso exame de consciência diante da cruz.

Capítulo Quinto

Exame de consciência ou de inconsciência?

Já indicamos a regra fundamental: o exame de consciência é feito diante da Palavra e da Palavra da liturgia do dia. Trata-se, agora, de ir mais ao concreto e indicar algumas áreas e modalidades de exame. Se este caiu em desuso, deve-se provavelmente também ao emprego insuficiente e improdutivo que se fez dele, a ponto de ter-se tornado mais uma prova da inconsciência geral na qual vivemos do que uma verificação consciente daquilo que somos. Tal exame, de fato, significa descobrir nossa real identidade, tal como ela se manifesta no complexo articular-se da vida, no dia-a-dia.

Quem acredita que já sabe tudo de si, ou quase tudo, e por isso mesmo se contenta com um olhar superficial sobre sua vida, não só não faz nenhum exame, mas também demonstra presunção e ingenuidade; crê que sabe, mas, na verdade, é um "inconsciente".

Vejamos, então, como nos encontrar com a Palavra num exame que seja realmente de *consciência*.

1. Motivações e intenções

Não é suficiente observar as ações externas e internas. É também indispensável indagar sobre as *motivações* que nos levam a agir e sobre as *intenções* que atraem nossas ações. Além de perguntar-me *o que é que eu fiz,* devo saber *por que* e *por quem o fiz.* Só assim começará a fazer-se luz em nosso psiquismo, e poderemos esperar descobrir — pouco a pouco — as intenções ocultas e menos retas que tão freqüentemente se infiltram em nossas ações, até nas boas, chegando a se tornar a motivação mais influente e, em definitivo, o princípio de decisão e de ação.

Recordemos: *o que mais ignoramos, lentamente toma conta do nosso coração.* É um processo quase imperceptível de sedimentação progressiva, que parte das primeiras concessões veniais e leviandades, radica-se em profundidade, gera hábitos sempre menos controlados e sempre mais "autorizados" e se torna motivação inconsciente, quando introduz, em nosso modo de viver, um dinamismo automático, resistente à mudança e cada dia mais exigente e pretensioso. Ora, como bem sabemos, é difícil perscrutar e "libertar" o inconsciente, contudo é possível previni-lo, isto é, impedir aquele processo de sedimentação, permanecendo atentos àquilo *que realmente nos leva a agir.* Ademais, é exatamente no "coração" que se situa o pecado (cf. Mc 7,21-23).

O exame de consciência é a parada providencial, na caminhada do dia, que nos permite tomar consciência e, portanto, sentirmo-nos mais livres e menos fantoches, mais responsáveis por nós mesmos e menos escravos do passado.

2. Sentimentos e emoções

Outro mau hábito de exame de inconsciência é o de indagar só sobre os comportamentos e os fatos concretos, ignorando as sensações, os sentimentos, as emoções etc., que também fazem parte — e como! — de nosso mundo interior. Tudo isso não constitui pecado. É evidente. Todavia é uma pista utilíssima para descobrir e conhecer as motivações reais que movem nossas ações. Se, por exemplo, um irmão na comunidade me é profundamente antipático, não é suficiente que no exame de consciência eu controle o comportamento que tive com ele, talvez me congratulando, porque "não lhe fiz absolutamente nada de mal". Devo ser honesto: admitir esse sentimento, interrogar-me sobre sua origem e seu significado, intuir como, além dos gestos concretos, esse sentimento condicionou meu relacionamento com ele e com a comunidade inteira. Não há dúvida de que faria descobertas interessantes sobre meu egoísmo latente, sobre meu modo demasiadamente humano de ver os outros, sobre minha tendência pagã de amar somente aqueles com os quais simpatizo etc.

Isso também vale para os sentimentos positivos ou demasiadamente positivos (simpatias, atrações várias), ou para as emoções e sensações que, de modo geral, noto em mim. Os momentos de alegria e de sofrimento constituem passagens nas quais emerge espontaneamente algo do meu eu mais profundo. Portanto, são áreas de investigação obrigatórias. Ao verificar o que concretamente me proporciona alegria ou me faz sofrer, até que ponto me deixo condicionar por essas emoções e condiciono os outros com meu humor, o que existe por trás de certos sofrimentos, descubro uma realidade de meu eu, que muitas vezes fica oculta, não, porém, influente. Poderia descobrir, por exemplo, que, se sofro tanto porque fui caluniado ou tratado injustamente, segundo minha maneira de ver, poderei ter minhas boas razões. No entanto, a certa altura perceberei que minha angústia é sinal de necessidade excessiva da estima dos outros, de falsas expectativas no relacionamento com os outros, de um exagerado conceito de mim mesmo e de minha dignidade. E evitarei oferecer talvez com afetação e atitude de vítima meus "sofrimentos" ao Senhor!

De fato, existem também sofrimentos "inúteis", aqueles que nascem do meu narcisismo e não são, por si mesmos, redentores: deles Deus quer que eu me livre, em vez de gloriar-me deles, em sua presença! Um bom exame de consciência, em tais casos, é mais que um termômetro: mede minha "febre" e me diz também de onde ela procede. E, provavelmente, me faça sofrer menos...

3. Mente e consciência

Não sabemos se os fariseus faziam exame de consciência. Se o faziam, certamente não iam além de sua observância legal. Assim procede, hoje, quem se contenta em controlar as próprias transgressões, sem se interrogar sobre suas convicções. Aderir a um valor significa experimentá-lo na própria pele, fazer dele o princípio inspirador de suas decisões e ações, conformar a ele os próprios gostos, os critérios de avaliação, as aspirações e os projetos, em suma, estar sempre mais em sintonia com ele, amá-lo e apaixonar-se por ele. É, sobretudo, sobre essa *sintonia* que devo examinar-me.

Mas devemos admitir que, normalmente, nossos exames de consciência indagam quase só a área da vontade, como que ignorando a mente e o coração. Por isso é que são sempre rápidos, muitas vezes cheios de lugares-comuns e feitos com pouco arrependimento verdadeiro. Muito raramente fazem nascer em nós uma autêntica consciência de pecado.

Na prática, será importante captar aqueles detalhes nos quais se esconde e revela a nossa mentalidade: projetos, modos concretos de realizá-los, incidência efetiva (e afetiva) dos valores nas opções, disponibilidade para assumir pessoalmente o valor ou para ser-lhe fiel, no segredo da própria consciência. Igualmente, será oportuno verificar o conteúdo das imaginações, das lembranças, dos sonhos diurnos, das distrações repetidas, de desejos íntimos não-confessados etc.

Tudo isso é material utilíssimo para descobrir o que temos na mente e no coração. E pode tornar-se perigoso não lhe dar atenção, porque exatamente ali dentro (também ali dentro) posso redescobrir minha identidade. Nada em nossa vida psíquica e espiritual acontece por acaso, e tudo que vivemos deixa em nós algum sinal. Nossa própria consciência, em sua capacidade de julgar o bem e o mal, tem sua história ou pré-história; ela é produto de um processo trabalhoso e misterioso que se realiza dentro de nós, às vezes sem o sabermos, e do qual notamos mais claramente o resultado ou as conseqüências (o "sentir" algo como bom ou mau) do que as diversas fases evolutivas.

O exame de consciência é um verdadeiro e próprio confronto cotidiano, "na consciência", com a Palavra e seus critérios. Mais particularmente, é uma atenção constante para o lento processo de formação da própria consciência, a fim de que não se realize, sem ser perturbado, no "subsolo" escuro de nossa psique, mas à luz libertadora da Palavra de Deus.

Nesse sentido, podemos dizer que o *exame de consciência forma a nossa consciência*. Forma-a a ponto de torná-la capaz de perceber profundamente o pecado, e senti-lo como ofensa ao amor de Deus, como rejeição de sua Palavra e de seu projeto. Há um nexo evidente entre essas três realidades: exame de consciência, formação da consciência, consciência do pecado; e esse nexo confere ainda mais importância àquele momento de oração que nos põe diante de Deus, na verdade de nós mesmos.

4. Coração e sensibilidade

A mesma dinâmica se repete em nossa vida afetiva. Não existem, nem mesmo aqui, quedas ou crises repentinas. Tudo é sempre lentamente preparado, no mais profundo de nós mesmos, por aquela agitação convulsiva de afetos, atrações, paixões que existem com freqüência em nosso coração, sem que nos preocupemos muito com tudo isso. São tentações que, quando muito, um ato de vontade quase sempre consegue afastar quase instintivamente.

No entanto, se a ação volitiva não for acompanhada pela *atenção constante* ao que acontece em meu coração e por um mínimo de *honestidade* comigo mesmo, fatalmente, antes ou depois, aparecerá a crise afetiva, ou aquelas situações de compromisso, tão artificiais quanto prejudiciais, em que a vontade procura mascarar sua rendição com justificativas fictícias ("Até aqui é permitido... Mas o que há de mal...? No fundo é uma amizade espiritual e a intenção é boa... Sinto que ela me liberta interiormente... Não se deve ver o mal em toda a parte" etc.).

O exame de consciência cotidiano mantém viva em mim essa atenção, impelindo-me de ser sincero comigo mesmo, até quando essa clareza vale sangue; e torna vigilante minha sensibilidade, advertindo-me de tudo o que poderia lentamente diminuir a paixão pelo valor. Meu exame-oração diante da Palavra é como um sismógrafo que registra meus movimentos interiores; se nem sempre pode evitar os "terremotos", pelo menos me ajuda a preveni-los e a preparar-me para eles. Se caio, ajuda-me a viver bem a experiência de minha fraqueza, para descobrir, também por meio dela, o amor de um Pai que me é sempre fiel, cujo amor é maior que a minha culpa, e que sabe, sobretudo, que eu o amo e o quero amar.

5. O bem omitido

Também nos antigos esquemas de exame de consciência, dava-se às omissões uma certa atenção. Entretanto elas eram vistas quase exclusivamente em relação a um comportamento positivo, aliás suposto (os deveres oficiais do crente e do consagrado), de modo que a omissão era facilmente detectável. Trata-se, ao contrário, de ir além dessa ótica restritiva, para verificar se o critério que dirige nossa ação é *fazer, cada dia, algo a mais ou não fazer nada de mal.*

Não podemos esquecer que vida consagrada significa seguimento de Cristo, numa atitude radical de oferta. Exatamente em virtude dessa radicalidade, abre-se para cada pessoa um espaço diário de crescimento, que vai muito além da simples observância da regra, um espaço que a escuta da Palavra, dia a dia, enche de apelos e provações. É importante ter viva essa tensão, se não quisermos envelhecer antes do tempo, na mediocridade. E tornar-nos precocemente velhos significaria viver tranqüilos, cedendo à tentação de nos contentar com aquilo que somos, surdos ao apelo da santidade, como um dever, e surdos, também, ao apelo do que se poderia e se deveria fazer aos outros.

É uma outra forma de omissão, grave não tanto pelo que a pessoa deixa de fazer, mas porque *nem mesmo percebe o que deve fazer*. É o caso do imperturbável, tão ensimesmado que nem mesmo "percebe" a presença do irmão necessitado, e também não "sente" a obrigação de dar-lhe uma mão. A mediocridade dessa pessoa, transformada em estilo de vida, construiu, ao redor dela, uma couraça que a torna insensível a certos apelos. O sofrimento ou a necessidade do outro passam junto dela sem a sensibilizar. Atarefadíssima, não tem tempo para nada. Prossegue em seu caminho, exatamente como o sacerdote da parábola do bom samaritano (Lc 10,29-32).

No entanto, se não se sente por nada culpada, quer dizer que algo nela está morrendo. O exame de consciência, mantendo viva a tensão de crescimento mediante o confronto com a Palavra, pode deter esse lento processo de crescimento de eutanásia espiritual e nos ajuda a compreender se estamos ficando surdos e cegos.

6. O mal comunitário

É verdade que todos temos a tendência de projetar nosso mal nos outros. No exame de consciência, porém, devemos favorecer a tendência oposta, a que nos leva a interrogar-nos sobre o mal que está presente na comunidade e em cada um de seus membros, mas para descobrir nossas responsabilidades pessoais. Acreditamos, realmente, na comunhão dos santos, ainda que vivamos, na terra, numa comunhão de pecadores. Por isso, devemos reconhecer que um vínculo sutil nos liga ao bem, mas também ao mal, como diz uma conhecida lei de dinâmica de grupos (embora isso não agrade aos cultores do "cada um por si").

Concretamente, isso significa que *não existe mal, na minha comunidade, que não me diga respeito ou do qual eu não participe*. A fraqueza do irmão e sua queda, aquele nervosismo que atinge a todos e o acesso de ira de alguns são problemas que me dizem respeito, porque também eu posso ter contribuído para determinar, direta ou indiretamente, aquela queda ou aquele nervosismo. Ou, ao contrário, posso não ter feito absolutamente nada para compreender a fraqueza de meu irmão ou prevenir o seu acesso de ira. Em todo caso, é necessário que eu me examine sobre esse mal, para aprender a sentir-me responsável por ele, e que não aconteça de o meu irmão permanecer só, com o seu pecado.

Provavelmente, se nos habituássemos a um exame assim, sobre o mal comunitário, em nossas casas haveria mais paz e menos condenações; começaríamos, também, a compreender o que quer dizer cada um carregar o fardo do outro. Talvez até me desse conta de que algum de meus irmãos já esteja carregando meu fardo em seus ombros...

7. A mediação do irmão

Ninguém pode pretender saber tudo sobre si. Existe sempre algo de nosso eu que escapa à nossa atenção, não, porém, à de quem vive perto de nós e vê o que fazemos, a expressão de nosso rosto, qual é o nosso comportamento, e tantos outros pequenos detalhes que traem o que somos no íntimo de nós mesmos. Por isso, *é prudente levar em consideração o que diz de mim não só o diretor espiritual, mas também meu irmão*, talvez brincando (*ridendo corrigitur mores*), sobretudo se várias pessoas dizem algo similar e isso me inquieta e me deixa um tanto irritado.

Não é que seja verdade tudo o que se diz a meu respeito. Em todo caso, é bom questionar-me e refletir sobre o assunto. Um bom conhecedor de si é sempre um indivíduo muito humilde e inteligente: sabe escutar e se deixa corrigir, não mostra que está ofendido e aprende a rir de si mesmo. E, em seu exame de consciência cotidiano, agradece a Deus pela Palavra que o ilumina e também pelas mediações concretas dessa Palavra.

8. *Confessio laudis*

Cada dia que passa, é graça que Deus me dá, uma graça que, muitas vezes, não se vê de imediato, mas está sempre presente como dom estritamente pessoal e cotidiano. O exame de consciência é, também, o momento em que procuro os sinais dessa presença, descubro-os, contemplo-os e louvo ao Pai por eles. Como numa caça ao tesouro, cujas "mensagens" particulares são disseminadas por uma mente prudente e genial, durante todo o meu dia, o exame de consciência me leva a descobrir *o que o Pai fez, hoje, por mim*. E nessa descoberta, como por encanto, o dia que acaba de passar, mesmo o mais aborrecido, ilumina-se em seus mínimos detalhes: tudo assume como que uma nova cor e se torna parte de um desígnio cujo autor é o próprio Deus. E lhe dou graças por isso.

E, enquanto esse desígnio se define, descubro nele uma palavra que está na origem dele e é justamente seu fruto, que o torna inteligível. É a Palavra que abriu meu dia, na *lectio* matutina, e que iluminou minha consciência durante todo o dia.

É aquela Palavra que "conservei no coração", como a Mãe de Jesus, mesmo quando não entendia logo o sentido dela (Lc 2,19.51). É, ainda, a Palavra na qual procurei "permanecer", para que tudo aquilo que eu fiz fosse radicado nela (cf. Jo 15,4-7).

O Pai concedeu-a a mim *para que ela "se realize hoje" em minha vida*. E é exatamente essa realização que constitui, agora, o objeto de minha contemplação e de meu louvor. Descubro-o, com admiração, sobretudo em certos acontecimentos, no meu trabalho, na força que empreguei e encontrei dentro de mim para ser fiel à minha consagração, como também na rotina das atividades que costumo realizar, das pessoas que tenho de amar e das dificuldades comuns que tenho de superar...

É como um lento processo de gestação misteriosa, que atravessa meu dia e o torna tempo sagrado, ventre virginal, como o de Maria, que dá à luz e anuncia uma Palavra sempre nova. Destarte, o dia de trabalho, até o de mais trabalho, torna-se, então, dia festivo, "dia que o senhor fez", no qual celebro os seus louvores. E quando, em meu exame, descubro que fui negligente em praticar a Palavra, mesmo assim "confesso" meu louvor ao Pai: é seu dom descobrir o que ainda me separa dele e é sua graça ter a certeza do perdão.

O louvor e a ação de graças concluem, assim, o meu exame de consciência. E, todos os dias, "as tuas misericórdias, Senhor, cantarei eternamente!"

9. A psicanálise do pobre

Aqui estão algumas regras para se fazer um bom exame. A alguém poderá parecer que complicamos tudo, que para fazer um exame de consciência assim é preciso tempo, correndo o risco de nos tornarmos meticulosos e escrupulosos. Afinal de contas, não fomos formados para realizar uma análise dessa natureza...

É verdade. Somos bastante complexos; existe o perigo de bloquear-nos, de modo improdutivo, na análise da própria conduta, e nos falta uma certa formação. Entretanto, devemos ter a coragem de fazer exatamente isto: dar *mais tempo* para esse encontro com Deus, que nos revela a nós mesmos. Não nos esqueçamos, porém, de que essa experiência de misericórdia do Pai é *oração que nos reconcilia* conosco; é necessário fazer dela um hábito, uma virtude que nos torna *constantemente atentos* ao nosso modo de viver, e não só no fim do dia. Então, o exame serve para nos conhecermos e nos ajuda a mudar. É como uma espécie de psicanálise "feita em casa" e ao alcance de todos, menos dispendiosa e mais contínua no tempo. Uma espécie de "psicanálise do pobre". De fato, é somente o pobre — humilde de coração — que pode cantar a misericórdia do Senhor.

Segunda parte

PERDÃO-RECONCILIAÇÃO

Muitas vezes, quem procura um psicólogo ouve dizer que deve aceitar-se com suas fraquezas e seus fracassos: todos os temos e, portanto, não vale a pena sofrer por isso e perder a serenidade... Assim, cada qual aprende a conviver com suas limitações e infortúnios, ou, pelo menos, procura fazê-lo. Contudo, sempre lhe vem a dúvida de que essa sua adaptação é muito semelhante à resignação, meio tranqüila e meio desesperada.

Do mesmo modo, esforça-se por aceitar as fraquezas dos outros, esperando que ele mude, e conformando-se (não por maldade, e sim por não se sentir exatamente um fracasso) diante das desventuras do outro. No fundo há sempre um pouco de verdade na frase "mal comum, meia alegria".

Na realidade, não há motivo para estarmos alegres, se o mal permanece intacto em nossas vidas, ainda se o identificamos com mais precisão no exame de consciência! Se o processo integrador do mal se fixasse somente na primeira fase, não seria uma experiência de libertação psicológica e espiritual. E, de fato, não se detém aqui: há uma outra fase a atravessar: a do perdão que nos reconcilia conosco e com os outros.

Perdão! — termo antigo que exige outros também antigos e tão gastos, a ponto de tornar sua significação dúbia: a confissão, o arrependimento, a absolvição, o castigo, a condenação... Vocábulos que devemos eliminar nestes tempos pós-terroristas, cunhando um termo novo, qualquer termo novo, para definir um fenômeno que, apenas há alguns anos, ninguém poderia prever e que ainda hoje suscita desconfiança. Sim, é verdade que não cremos, ou cremos pouco em quem se arrepende. E isso, não porque desconfiamos dele pessoalmente, mas porque cremos pouco na lógica do perdão, na possibilidade de arrependimento, de sentir-nos reconciliados conosco, com a vida, com outros, com Deus, de perdoar e sermos perdoados. Talvez nem saibamos bem o que significa perdoar: esquecer, fingir que não houve nada, suspender ou reduzir a pena, ser fracos ou magnânimos... Ou pensamos, talvez infantilmente, que o perdão esteja apenas ligado às transgressões: portanto, uma experiência eventual e "negativa", como se dar e receber misericórdia fosse somente um episódio, algo acidental, que não nos transforma interiormente, nem nos revela nada sobre nosso destino. Como se o ser humano pudesse viver sem misericórdia e pretendesse estabelecer relacionamentos consigo mesmo e com os outros sobre uma base rígida de justiça!

Não, não se trata de querer negar as injustiças e os erros, ou de requerer anistias e absolvições em massa, nem mesmo de obstinar-se a sonhar com uma realidade social ou comunitária em que "todos os gatos são pardos" e ninguém mais responde por seus atos, porque todos recorrem a desculpas genéricas e externas que isentam o culpado de responder pelos próprios atos. Queremos, com a reflexão que segue, somente compreender por que não sabemos mais perdoar e receber o perdão, e tentar mostrar como a cultura do conflito, que nos assedia de todos os lados, pode tornar-se uma cultura de reconciliação; uma cultura que é também uma espiritualidade... A espiritualidade típica de quem vive em conflito.

Capítulo Primeiro

O perdão que nos criou

O primeiro e fundamental conhecimento do perdão, o ser humano o faz com Deus. Pareceria lógico: Deus, de fato, perdoa-nos toda vez que nos dirigimos a ele, arrependidos, conscientes de nosso pecado e confiantes em sua misericórdia. O que não é lógico é a experiência subjetiva do perdão, ou a qualidade dessa experiência. Nem sempre nos sentimos perdoados, ou, se nos sentimos, não sabemos desfrutar suficientemente esse perdão. Conseqüentemente, não nos damos conta nem mesmo da necessidade de celebrar essa misericórdia e, quando o fazemos, os nossos exames de consciência e as nossas confissões são tão sem arrependimento, que nos tornam pouco sensíveis à graça do perdão. Entretanto, naquele momento, Deus age eficazmente em nós. E não só naquele momento...

1. O perdão criador

No princípio, era a misericórdia. Por ela fomos criados. A misericórdia, de fato, é o amor que vai além da justiça (cf. *Dives in Misericordia,* n. 5). O dom da vida foi fruto de amor extremado, não, certamente, um ato de justiça. Portanto, *fomos criados por um gesto misericordioso, feitos por mãos misericordiosas, idealizados por uma mente misericordiosa.* Somos como que "embebidos" de misericórdia: essa matéria-prima nos constitui como seres chamados à vida por um perdão que precedeu até mesmo o nosso erro e o nosso arrependimento. Uma palavra com a qual, no Antigo Testamento, se define a misericórdia significa, etimologicamente, "seio materno"; portanto, geração gratuita de vida, confiança em que aquele que está nascendo será aquilo que ainda não é. Poderemos até frustrar tal esperança, porém não podemos ignorar que fomos gerados pela misericórdia.

2. Perdoados desde sempre

Se essa é a nossa origem, o perdão não é mais uma realidade ocasional de que temos necessidade de vez em quando. Não é algo que está ligado a cada falta cometida e da qual nos acusamos. Nós *somos* seres perdoados. Se Deus não fosse misericordioso, não teríamos jamais existido; e se essa misericórdia existe desde o princípio de nossa vida (aliás, foi ela que o suscitou), ela ainda agora é fonte de vida. É uma graça da qual temos *sempre* necessidade e que *constantemente* está agindo em nós, para reconciliar-nos.

A criação aparece, então, como um grande gesto de misericórdia, e nossa vida torna-se a história de fidelidade desse amor gratuito. Cada dia que passa é um perdão sempre novo, pessoal, criativo. Mas também discreto e silencioso: tão discreto que não humilha jamais a pessoa, não a deixa humilhada ao pedi-lo, nem lhe impõe um castigo expiatório. Tão silencioso que a própria pessoa, às vezes, arrisca-se a não reconhecê-lo, nem mesmo o dá como reparado. Vivemos imersos na misericórdia, mas poderíamos também não nos dar conta disso.

3. A festa do Pai

Quando, pelo menos, um só de nós percebe isso, Deus faz uma festa no céu. Foi Jesus quem o revelou, comparando a alegria do Pai com a do bom pastor que encontra a ovelha perdida. E acrescentou que o próprio Pai sente muito mais alegria por um pecador que se descobre envolvido por essa misericórdia que por 99 justos que se iludem com sua justiça acreditando que só de vez em quando têm necessidade do perdão de Deus.

Por que essa festa? Porque o *perdão faz com que Deus manifeste a plenitude de sua paternidade e permite ao ser humano sentir-se seu filho.* Certamente, dá o que pensar essa estranha desproporção: de cada cem, somente um é capaz de perceber o perdão divino! Mas devemos admitir que, quando lemos aquela passagem de Lucas (15,4-10), somos muito mais levados a identificar-nos com os 99 justos do que com o pecador. Não por presunção, e sim por medo. Temendo ser piores que os outros, sentimo-nos pouco dispostos a compreender que, *na honestidade de reconhecer-nos pecadores, está escondida a possibilidade de conhecermos a misericórdia do Pai.* Dessa forma, nós nos auto-excluímos da "festa".

Parece evidente que apenas a ovelha perdida, de fato, pode dizer que experimentou a bondade do pastor: por ela, deixou as outras, tomou a iniciativa de ir buscá-la. Tendo-a encontrado, "coloca-a nos ombros, todo contente", e organiza uma festa. Como não reconhecer, nessa descrição, as características do perdão divino? Então é muito melhor ser ovelha perdida do que "ovelhona"* impenitente.

4. O arrependimento do filho

Aqui nasce o arrependimento verdadeiro que resulta da consciência de ter ofendido a Deus, nosso bom Pai. É, paradoxalmente, o reflexo da alegria de Deus, porque o *ser humano pecador só pode sentir arrependimento sincero quando descobre o amor de Deus,* aquele amor que se manifesta na alegria de perdoar. É claro que o arrependimento sobrenatural dos próprios pecados é dom de Deus, mas passa, inevitavelmente, por essa lei psicológica ínsita na natureza: o pesar de ter ofendido uma pessoa está ligado ao relacionamento que se tinha com ela. Quanto mais percebo sua bondade em relação a mim, tanto mais sentirei pesar de ter cometido uma ofensa contra ela.

Já especificamos essa correlação quando falamos da gênese da consciência do pecado. Mas aqui acrescentamos: é o nexo filho-pecador que se delineia (dentro de uma experiência de culpabilidade) segundo uma relação de causalidade recíproca.

---

* O autor faz aqui um trocadilho com a palavra italiana *pecorone,* que, além de "ovelhona", significa "tolo", "bobo" (N. E.).

Vamos nos explicar com a parábola do filho pródigo, porque é um ponto muito importante. O jovem da parábola não se sente filho: de fato, "exige" a sua parte da herança e procura sua realização fora da casa paterna (ou seja, fora do relacionamento com o pai); nem mesmo percebe que sua atitude é uma ofensa ou uma descortesia. Nem filho nem pecador. Quando começa a penúria, experimenta apenas um sentimento de culpa, com motivações um tanto subjetivas e interessadas: lamenta o que perdeu por sua culpa ("Os criados de meu pai têm pão em abundância e eu, aqui, morro de fome"), embora esteja certo quanto às conseqüências ("Vou-me embora procurar meu pai e dizer-lhe: Pai, pequei contra o céu e contra ti; já não sou digno de ser chamado teu filho. Trata-me como um dos teus empregados").

Mas logo depois, dá-se o encontro com o pai. Um pai que o espera e o percebe de longe, corre ao seu encontro e o abraça; e, em vez de repreendê-lo, organiza uma festa... É a descoberta do pai. Antes não o conhecia, nem jamais o teria imaginado assim. Só agora o jovem descobre que é filho, e só agora pode perceber toda a gravidade do mal cometido: fazer injustiça a um pai assim é algo grave; é impossível não se arrepender de tê-lo ofendido. *No entanto, foi a alegria paterna que reergueu o filho e o pecador.* Ou, se preferirmos, foi o perdão do pai que "criou" o filho e o pecador.

Talvez pareça estranho. Entretanto, a experiência do próprio fato de sentir-se pecador caminha paralela com a de ser filho: não se pode separar uma experiência da outra. Somente um filho pode sofrer por ter cometido uma falta contra seu pai. Somente o pecador pode experimentar a alegria do abraço paterno reconciliador.

E, entre essas duas dimensões constitutivas do nosso viver humano e cristão, a figura do pai surge com toda sua paternidade, na festa do perdão.

Há, naturalmente, alguém que não entende essa festa nem a suporta: é o irmão mais velho. Como estava longe de entender a alegria do pai e a experiência do irmão! Aquele bom velho é para ele somente uma pessoa que lhe oferece trabalho, uma pessoa que ele deve manter distância. De fato, esse filho teme o pai, pois nem mesmo tem coragem de pedir-lhe um cabrito. Não tinha entendido ainda que não teria necessidade de pedir, porque tudo o que o pai tem também é seu. E assim, em vez de mostrar-se filho, faz o papel de escravo, mostra-se triste e com semblante tão zangado que não pensa em dar uma festa para seus amigos, nem é capaz de sentir e desfrutar a alegria do pai. Se não é filho, não é também pecador: não percebe culpa alguma em si, é o empregado irrepreensível ("Jamais transgredi uma só de tuas ordens"), muito superior ao irmão caçula que gastou todos os seus bens com prostitutas. Talvez esse triste observante dos mandamentos fizesse parte da pia fraternidade dos 99 justos.

Algo é certo: aqui estamos no coração da mensagem cristã, porque está em jogo uma imagem de Deus, não apenas simples mecanismos psicológicos. E a imagem do irmão mais velho (como todos os servos demasiado sérios e incensuráveis) é exatamente o oposto da imagem de um pai cuja alegria é perdoar. A imagem que esse irmão mais velho faz do pai é a de um homem severo, juiz, diante do qual se tem de fazer reivindicações, sem ter o prazer de ser filho. Diante desse pai-patrão, mais patrão que pai, quando muito o filho pode sentir medo se for culpado, ou arrogância caso se julgue justo, porém não certamente arrependimento por tê-lo ofendido.

5. A necessidade de reconciliação

O arrependimento vem naturalmente associado à necessidade de reconciliar-se com Deus, com os outros, consigo mesmo. Uma necessidade tanto mais sentida quanto mais profunda é a consciência do pecado. E se o arrependimento nasce, sobretudo, da percepção da bondade daquele que foi ofendido, também a conseqüente necessidade de ser por ele perdoado não será simplesmente uma emergência em casos graves, mas uma *urgência constante*. Não é, pois, uma necessidade qualquer, um libertar a consciência de um peso acabrunhante, a fim de sentir-se mais tranqüilo, e sim um levar a sério a própria culpa, por mais leve que seja, reconhecendo, ao mesmo tempo, o papel essencial do perdão do Pai em nossa vida: é um ato de misericórdia que nos gerou, chamou-nos a viver segundo um projeto seu e que diariamente vem a nós, de mil formas.

Sentir necessidade de reconciliação é tornar-se consciente desse fluxo de amor. E não simplesmente senti-lo, mas desejá-lo de todo o coração, sabendo bem que somente Deus pode reconciliar-nos em profundidade. Celebrar sua misericórdia, no sacramento, é como *colocar nossas vidas nas mãos do Pai Criador*, um entregar-se novamente a esse "regaço materno" para que nos recrie segundo seu primeiro projeto.

No sacramento da Reconciliação, o perdão de Deus manifesta plenamente sua força criadora, não apenas cancela as nossas culpas, mas nos torna novos, sempre mais filhos de um Pai que, desde sempre, perdoa-nos e nos convida para sua festa.

É a criação que continua no tempo e nos redime...

Capítulo Segundo

O perdão que nos redime

Retomamos o assunto do sacramento da reconciliação, não porque represente a única forma pela qual nos vem o perdão, mas porque, mesmo instituído exatamente para isso, está sofrendo, há tempo, como sabemos, uma profunda crise. E quando está em crise a confissão, estão provavelmente também em crise as outras formas pelas quais podemos sentir que fomos absolvidos; estaria em crise a nossa própria consciência penitencial. Diz Rey-Mermet: "Se eu não mais sentisse necessidade de me confessar, seria sinal de que estou mofando no pecado", e sem perceber.

O sacramento da reconciliação é a celebração daquela misericórdia que um dia nos criou e, agora, nos redime, e que revela sempre o mesmo projeto do Pai. Portanto, um momento central, insubstituível na vida do cristão, que deveria sentir, com freqüência, necessidade de misericórdia. Algo que, ao contrário, não acontece. Conhecemos algumas desculpas que se costumam dar, talvez um tanto suspeitas: o ter de acusar-se sempre das mesmas faltas; a não-necessidade de multiplicar as ditas confissões "de devoção" (termo infeliz, como se confessar fosse equivalente a rezar a trezena de santo Antônio); a dificuldade de encontrar uma pessoa acertada, que saiba intuir, dizer palavras sábias e que, possivelmente, não seja antiquada; e, por último, o argumento clássico, já velho, mas sempre repetido: que necessidade há de dizer minhas culpas a uma outra pessoa? Não basta meu relacionamento particular com Deus?

Agora não queremos nem podemos travar discussões teológicas, mas parece-me que todas essas dificuldades são atribuíveis a alguns equívocos. É necessário esclarecê-los, se não quisermos mofar em nossas faltas.

1. Concepção redutiva

Um preconceito que está por trás de muitas rejeições ou crises de recusa do sacramento é o que restringe seu efeito a um *simples cancelamento da culpa ou da pena, ligado a faltas de uma certa gravidade*. Segundo essa concepção redutiva, a confissão teria uma função só, ou sobretudo, *negativa ou reparatória*, que funcionaria de modo mais ou menos automático, posta a premissa de uma acusação, particularmente para casos graves.

Na realidade, do ponto de vista psicológico, temos, aqui, um estranho cruzamento de "motivos": de um lado, a necessidade de *onipotência* projetada no sacramento (e em seu poder de extirpar o mal pela raiz); do outro, a presunção comum de perfeição que leva a crer que, normalmente, as próprias transgressões sejam leves. Disto pode derivar uma atitude contraditória diante do sacramento: num sentido, muitas vezes só inconsciente, descarrega-se nele (e em seu poder) a responsabilidade da própria conversão. Em outro sentido, provavelmente menos inconsciente, não se julga que se tem grande necessidade de conversão. No entanto, permanece idêntico o preconceito fundamental reducionista: a confissão como instrumento ocasional ou de emergência, para eliminar e cancelar a culpa.

Algumas conseqüências: um misto de *desconfiança e raiva*, quando nos encontramos diante das mesmas faltas e a *vergonha* de ter de repetir sempre o que se diz constantemente. É claro que isso pode depender também de um exame de consciência (ou de inconsciência) malfeito, incapaz de captar integralmente o próprio mal. Mas seria pretensão irrealista supor que não se repetirão mais os mesmos erros, uma vez que a absolvição não dá a ninguém a garantia de não pecar mais. Por outro lado, não há nenhum motivo para alguém se envergonhar quando constata a reincidência no erro. Quem se envergonha, revela-se mais presunçoso que arrependido e, provavelmente, não se conhece nem se aceita.

2. Falsa consciência e falsas expectativas

Outra conseqüência é o *escasso envolvimento pessoal* na celebração do sacramento: exame, arrependimento, acusação, pedido de perdão etc. Tudo isso é vivido de forma superficial, sem verdadeiro sentimento, como se o ato de confessar fosse uma espécie de prática burocrática a ser realizada periodicamente. O papel do indivíduo parece esgotar-se no ato mais ou menos mecânico da acusação: o que acontece, depois, não depende dele. De fato, ele o percebe até certo ponto, sem sentir-se muito levado a mudar.

Outro sinal inevitável e visível: o abandonar, *progressivamente, a confissão*. O porquê é tão simples quanto grave: não se sente mais necessidade dela, ou se julga que não exista suficiente "matéria". É realmente grave o fato de nossa consciência de pecado ser tão limitada a ponto de não saber encontrar motivos para pedir perdão! Surge novamente o costumeiro equívoco: a gravidade de uma culpa é decidida por um código objetivo e não por uma consciência que se tornou sensível à descoberta do amor de Deus. Amor que deveria despertar na pessoa uma atenção natural para não desagradar aquele que ela ama e pelo qual se sente amada. Na verdade, é mister que haja um critério para distinguir os pecados, segundo uma maior ou menor gravidade objetiva (mortais e veniais). Contudo, na vida moral, não basta julgar a seriedade das próprias faltas unicamente com esse critério objetivo e mediante uma comparação mais ou menos mecânica com uma lista de comportamentos já codificados. Arriscar-se-ia a permanecer numa consciência falsa, não obstante a aparente legalidade.

A consciência formada é capaz de atribuir também gravidade subjetiva às próprias faltas. O que para uma pessoa é insignificante ou falta venialíssima, para quem tem uma consciência formada pode representar uma falta significativa, uma desatenção ou uma indelicadeza de certa relevância, que justifica — e como! — o pedido de perdão sacramental. Bem diferente da confissão por devoção! Aqui não se incluem, em absoluto, a mania de escrúpulo ou o perfeccionismo. É questão de viver um certo relacionamento com Deus Pai e crescer na liberdade do filho que tudo julga à luz dessa paternidade. Portanto, trata-se de fazer nascer em nós essa sensibilidade e delicadeza de espírito que nos tornam desejosos de retribuir o amor e criativos na gratidão. Ao mesmo tempo, faz-nos atentos para evitarmos o que não é digno desse amor e para não nos tornarmos assalariados interesseiros ou campeões do descompromisso, sempre tranquilos com nossa mediocridade ou, ainda, calculadores mesquinhos que só se confessam quando a medida já superou o seu limite e o prazo está por esgotar-se...

Esse tipo de sensibilidade não é algo instintivo, que brota espontaneamente de dentro de nós. Pelo contrário, é algo que se pode educar. É reconciliação, encontro e experiência da misericórdia do Pai; é momento insubstituível dessa formação. É próprio de ingênuos (ou de "inconscientes") pensar que a consciência pode formar-se sem esse contato frequente com o perdão divino.

Outro modo errado de aproximar-se do sacramento da reconciliação é dar *excessiva importância ao aspecto humano*: ao ministro, à sua competência, à atmosfera que se cria, à sensação de ser compreendido e confortado, ao que sinto "dentro" de mim etc., *com risco de perder de vista o essencial do próprio sacramento*. Entendamos: é bom que o confessor seja capaz de exprimir, com sua humanidade, a riqueza da misericórdia divina. Isso, porém, não pode tornar-se o objetivo primeiro do penitente nem ser confundido com a realidade central do sacramento, que é o perdão gratuito de Deus. Inverter essa hierarquia de valores pode gerar falsas expectativas que impedem de se procurar o essencial. Consequentemente, se elas não forem satisfeitas, surgirão perturbação e frustração.

Não é raro encontrar cristãos de refinado gosto nesse campo. Parecem buscar, na confissão, não só ou nem tanto o encontro vivificante com o perdão divino, mas uma espécie de socorro psicológico, pretendendo daquele pobre homem, o confessor, raras qualidades interpretativas e comunicativas. (Nesse caso, seria melhor recorrer a um psicólogo!) Evidentemente, tais indivíduos não se dão por satisfeitos enquanto não encontram um confessor certo. E, quando o encontram, arriscam-se a dar mais atenção à emoção e à gratificação humana que ao milagre que acontece em toda confissão, e que não depende das qualidades nem da santidade do ministro, mas só da superabundante misericórdia divina.

3. O milagre do perdão

Não é um modo de dizer. É a realidade de todo perdão sacramental. Quando o Pai o dá, acontece simplesmente algo que não se explica com nossas categorias. Pertence a outra dimensão: aí é Deus quem age, não nós.

Chegamos à última objeção: a pretensão de agirmos sozinhos, sem a mediação sacramental. Deixando de lado as motivações mais requintadamente teológicas, diremos somente isto: confessar os próprios pecados unicamente a Deus, no segredo da própria consciência, quer dizer entrar, inevitavelmente, num processo de *privatização da experiência penitencial*. Tal tendência privatizadora, além de estar em nítido contraste com a dimensão comunitária de nossa fé e com a responsabilidade comum que nos liga ao bem e ao mal, pode lentamente levar-me a não mais sentir necessidade de reconhecer, concretamente, os meus pecados. Não existe mais a situação provocadora e iluminadora do confronto com o outro. Tudo se torna tão fácil que, talvez, nem mesmo percebo que fui perdoado.

Mas existe uma segunda fase: da privatização à *subjetivação da experiência penitencial*. Com o passar do tempo, a relação eu-Deus corre o risco de se tornar um relacionamento com o meu eu que faz as vezes de deus; fico sozinho comigo mesmo, ao passo que Deus se reduz a mero comparsa. Sou sujeito e objeto ao mesmo tempo; faço tudo com os meus meios e como melhor me parece: acuso-me e me desculpo, julgo e interpreto, formulo leis e encontro exceções, absolvo-me e, às vezes, condeno-me sem piedade... Em suma, tudo acontece sem milagre algum. O milagre é a intervenção de Deus. Eu, sozinho, poderei, quando muito, autocondicionar-me e experimentar determinadas sensações psicológicas, nem sempre positivas e que me são favoráveis. Decididamente, não me convém. Por outro lado, o milagre do perdão é intervenção particular de Deus; somente ele pode fazê-lo e continua a fazê-lo, confiando esse precioso ministério à sua Igreja, sacramento de sua misericórdia, e não ao arbítrio de cada pessoa.

Vejamos, então, em que consiste esse milagre, os seus frutos. Antes de tudo, o perdão *nos revela* a nós mesmos, manifestando nossa culpa e, ao mesmo tempo, nossa dignidade. Faz-nos compreender, mais profundamente, nosso pecado e sentir mais arrependimento. Contudo, é, também, mensagem eficaz de estima e de confiança: ao reconciliar-nos, Deus confia em nós e nos torna novamente dignos de seu amor.

Somente quem se sente perdoado tem consciência de seu pecado e sente-se amado. O perdão do Pai faz emergir a verdade mais profunda de nós mesmos, faz-nos recuperar uma estima radical que elimina todo nosso sentimento de inferioridade. O milagre é exatamente este: poder reconhecer e "sofrer" a própria culpa e, ao mesmo tempo, *permanecer sereno; descobrir-se pecador, sem se desesperar e se deprimir; sentir-se positivo, porque perdoado, digno de estima, porque reconciliado.*

Não só. Quando o Pai nos perdoa, não nos desculpa simplesmente nem minimiza o nosso erro; muito menos o ignora ou apenas o cancela, fingindo, talvez, que nada tenha acontecido. Seu perdão é um ato *criativo e redentor*, manifestação daquela misericórdia que nos gerou e nos salvou, e que agora continua a criar, em nós, um coração novo. A intervenção do Deus que perdoa não tende somente a reajustar e a restabelecer uma certa pureza original, e não está em função do passado, mas a serviço do futuro do ser humano. Ademais, é um milagre, porque quem recebe o perdão é *profundamente transformado* pela força do sacramento, mesmo sem o saber ou sentindo dificuldade de acreditar nisso. Não é a mesma pessoa de antes, mesmo que ainda sinta o medo, as pretensões e as fraquezas de antes.

O perdão o remiu, depositando nele algo que é maior que sua pobreza. Contudo, não o expulsa, não o despreza, não o esmaga... Ao contrário, ressuscita-o, vivifica-o e o resgata... Era sucata, e tornou-se material para a construção do ser humano novo; era motivo de vergonha, agora está confiante e esperançoso; estava como morto, e está ressurgindo para uma vida nova; era todo pecado, agora é sinal de misericórdia.

É esse o milagre que acontece em toda confissão: algo que só Deus pode fazer para a pessoa que se reconhece pecadora e necessitada de seu perdão. Outros poderão também compreender-nos, compadecer-se de nós, ajudar-nos a esquecer, dar-nos uma chance ou esforçar-se para acreditar em nosso arrependimento. Nós, como já vimos, poderemos encorajar-nos, tentar ter confiança em nossa boa vontade, auto-absolver-nos, quando não cairmos no desânimo e nos autocondenarmos. Só Deus pode fazer ressurgir o que em nós estava morto e servir-se de nossa fraqueza para manifestar seu poder.

Criou-nos e remiu-nos com sua cruz e ressurreição. Hoje, continua a criar-nos e a remir-nos com seu perdão...

Capítulo Terceiro

O perdão que nos reconcilia

No caminho de integração do mal, o perdão representa uma fase central, depois da fase do reconhecimento do próprio mal: é a descoberta de um amor que vai além de nosso mérito e que, ao perdoar-nos, nos cria, nos redime, nos reconcilia. Mas nem sempre, em nossa vida espiritual, reconhecemos-lhe esse lugar central. Somos, antes, levados a considerá-lo uma realidade eventual que nos traz à mente só episódios ocasionais, em que a culpa ou o drama da culpa se transforma na festa do perdão. Contudo, quiçá recordemos mais o drama ou a festa (admitindo-se que aceitemos recordar essas experiências!). Em outras palavras, estamos reconciliados com nossa história e conosco?

A impressão que temos é a de que, no ambiente — mesmo em nosso ambiente —, não se encontram muitas pessoas reconciliadas. Encontram-se muitas insatisfeitas, os eternos descontentes de si, aqueles que têm sempre algo de que se queixar ou censurar, como inimigos irredutíveis de si mesmos, e, conseqüentemente, pouco amigos dos outros e de Deus. Por isso é que insistimos ainda nas características do perdão divino. Estamos convencidos de que somente ele nos restitui a paz interior. Quem se sente pouco perdoado não pode ser uma pessoa reconciliada.

1. Reconciliados com nós mesmos

É a primeira e fundamental etapa. Talvez possamos dizer que o primeiro efeito do perdão divino, no âmbito psicológico, é essa reconciliação conosco, antes mesmo que com Deus, uma vez que não é verdadeira a reconciliação com o Pai que não passa pela reconciliação com o próprio eu. A festa do perdão não suporta tristeza, tampouco corações dilacerados.

A imagem ideal

De fato, essa reconciliação é intrapsíquica, é puro dom de Deus, é algo que somente ele pode fazer, como criador da imagem *ideal* de nosso eu. Pedir perdão ao Pai, já o dissemos, é colocar nossa vida em suas mãos, para que, recriando-nos por sua misericórdia, torne-nos cada vez mais conformes àquela imagem e, ao mesmo tempo, no-la revele em sua beleza e no-la faça reconhecer como nossa, idealizada para cada um de nós por Deus; faça-nos estar contentes com o nome e com o rosto que ele nos deu, sem sonharmos com outros... Contudo, sem pretender realizar, agora, plenamente, essa mesma imagem, ela representa o cumprimento definitivo e o objetivo final de nossa vida, algo que é decididamente maior do que nós e do que as nossas forças, dom de Deus e de sua misericórdia. Não podemos presumir de ser agora o que fomos chamados a ser, plenamente, amanhã.

A imagem atual

O perdão que Deus nos dá é, também, reconciliação com nossa imagem atual, de pessoas que procuram, com trabalho humilde e paciente, realizar o projeto do Pai, mas também constatam que estão distantes dele e, com todas as forças, esforçam-se por fazer o melhor que podem, mas sem se iludir de ter chegado à perfeição, nem que possam chegar a uma perfeição absoluta. Não somos perfeitos. No entanto, se realmente queremos ser, devemos começar a deixar de lado toda ilusão de perfeição. Nem mesmo o perdão divino nos permite alimentar esses sonhos. Quando muito, leva-nos a reconhecer que somos apenas caminheiros, não pessoas que já chegaram; pessoas de boa vontade, não heróis; pessoas fracas, bem longe de serem impecáveis.

O fato de termos sido absolvidos por Deus não nos dá nenhum certificado de infalibilidade futura. Ao contrário, dá-nos força para reconhecer e aceitar a presença de um mal em nós, que não poderemos jamais extirpar radicalmente. Isso porque faz parte do nosso eu, é uma fraqueza que carregamos dentro de nós para sempre e que vem à tona de mil maneiras: sensações, ressentimentos, nervosismos, depressões, mal-estar psicológico, dificuldade de relacionamento, mesquinhez de visão, estreiteza de mente, tentações, às vezes, até mesmo, verdadeiras quedas... Talvez nem sempre sejamos responsáveis por tudo isso. No entanto, sempre somos *responsáveis pela atitude que tomamos diante desse mal-fraqueza*, pelo que fazemos para ter consciência dele e compreender sua raiz e suas conseqüências, para impedir que pese demasiado sobre os outros e prejudique nosso apostolado. Somos responsáveis, sobretudo, *pela maneira como vivemos essa nossa pobreza diante de Deus,* como pecadores ou como justos, como pessoas que reconhecem sua falibilidade e sentem, dia a dia, a necessidade de perdão que nos renove e nos salve, ou como indivíduos presunçosos que se consideram melhores que os outros e simplesmente não se conhecem e, muito menos, sentem necessidade do perdão de Deus e dos outros.

O pecador pode esperar reconciliação; o justo, não. Certamente, o perdão, que vem de Deus, poderia até extrair radicalmente nosso mal, não nos fazer mais perceber seus estímulos e sua atração e levar-nos a não nos preocuparmos mais com nossa fraqueza... Seria maravilhoso, não? Mas, de fato, parece que isso não acontece, pelo menos normalmente: ele deixa que fiquemos com nosso mal, com nossa fraqueza. Na realidade, porém, faz muito mais: reconcilia-nos com esta e com aquele. Põe fim aos nossos sonhos impossíveis, reconduz-nos à nossa realidade pessoal. Cancela as mistificações, até mesmo as que se escondem atrás de projetos todo-poderosos de perfeição; faz-nos compreender que nossa santidade é feita, também, de fragmentos de barro e de pedaços de sucata, de paciência e de impotência, e, sobretudo, que é feita daquela humildade que nos leva a reconhecer o mal e experimentar o perdão. Exatamente por isso é que nos reconcilia, em profundidade, com nossa imagem real. Santos, porque reconciliados; reconciliados, porque perdoados. Ou mesmo, tanto mais amigos de Deus quanto mais perdoados e em paz com nós mesmos.

2. Reconciliados com Deus

Já lembramos que Deus é o verdadeiro autor dessa volta da paz interior. Não podemos tão-somente pedi-la e dispor-nos a recebê-la. Seu autor, porém, é ele, "graças ao sangue de Cristo". De fato, "ele é a nossa paz" e já fez as pazes conosco (cf. Ef 2,13-15). Portanto, essa reconciliação "já" aconteceu, realizou-se, uma vez por todas, por meio da cruz. Quando, agora, pedimos perdão, sabemos que já o recebemos, e que esse nosso pedido será atendido, mediante uma redenção que se realiza toda vez que um pecador se arrepende.

Não há mais lugar para o medo, para a dúvida, para a angústia, para a obsessão, para o escrúpulo. Por outro lado, não pode haver indiferença, imperturbabilidade, passividade como de quem, na prática, desfruta o sacrifício de outrem e descarrega nele suas próprias responsabilidades. Se há uma cruz de permeio, não se pode duvidar do perdão e tampouco ficar indiferente e impassível.

Também do ponto de vista psicológico, *a reconciliação com Deus passa, necessariamente, pela contemplação da cruz*. Somente ela é que pode dar-me, ao mesmo tempo, a plena certeza de estar totalmente perdoado, fazendo-me ver quanto isso foi árduo para o Filho de Deus, uma vez que se rompeu um vínculo que somente sua morte na cruz poderia reatar. A cruz é a medida do amor do Pai e do meu pecado: a reconciliação com Deus é o encontro com esse amor e a consciência desse pecado; contudo, insistimos: não pode haver reconciliação sem a experiência da cruz.

Mas com que Deus o sangue de Cristo nos reconcilia?

Evidentemente, com aquele Deus revelado pela própria cruz. Um Deus provavelmente muito diferente de certas concepções que temos da divindade, fruto mais de projeções psicológicas distorcidas que da fé no Deus dos nossos pais, desde Abraão até Jesus. É, de fato, um Deus *fraco e impotente,* que se deixa crucificar e renuncia à sua onipotência; que poderia ferir, mas é ferido. Um Deus *humilde e humilhado,* que não faz valer os seus direitos. Um Deus que se cala, aceita ser rejeitado e condenado por aqueles que ele mesmo ajudou. Um Deus que não rejeita nem condena ninguém. Um Deus *rico de compaixão e de misericórdia.* Por ser, sobretudo, um Deus que sofre com aqueles que ama, está disposto a compadecer-se do sofrimento deles, assumindo-o. E demonstra que fez tudo isso por amor, quando, na cruz, pede ao Pai pelos seus algozes. Também nós fomos perdoados, naquele momento, e reconciliados com esse Deus. E, ao realizar a experiência do perdão divino, descobrimos esse Deus misteriosamente fraco e profundamente cheio de amor.

Por isso, nosso caminho de reconciliação deve, necessariamente, passar pela contemplação da cruz. A cruz de Cristo purifica a imagem que temos de Deus, destrói os nossos ídolos e nos impede de projetar, no Pai, nossos sonhos frustrados de onipotência, de glória e de domínio. O deus dos nossos sonhos pode até fascinar a nossa fantasia ou, o que é pior, justificar certas atitudes nossas. Mas pode também, por uma estranha metamorfose, transformar-se em juiz severo, em pai-patrão exigente e que dificilmente perdoa. Reconciliar-se com ele será algo impossível.

Pelo contrário, o Deus da cruz é mais escândalo que fascínio (cf. 1Cor 1,23). No entanto, é muito difícil servir-se dele para justificar a própria conduta. Quando muito, ele a provoca, contesta-a e, talvez, até a julgue. Mas está sempre de braços abertos para acolher todo aquele que reconhece o próprio pecado e crê na misericórdia divina. É o Deus da reconciliação. Deixemo-nos reconciliar por sua cruz e com sua cruz.

3. Reconciliados com a vida

Certo dia, uma consagrada relatou-me o seguinte fato: estava no trem. Tinha participado de um curso de exercícios espirituais e voltava para sua comunidade. Sentia-se feliz e serena. Ouvira de um célebre pregador muitas histórias bonitas. Sobretudo, finalmente tivera um pouco de tempo para estar com Deus e ouvir sua palavra. Provavelmente revelava essa serenidade, porque, num dado momento, a senhora que estava sentada diante dela lhe disse: "Irmã, a senhora está tão contente que nem parece uma freira!" Belas palavras de apreciação! A religiosa não sabia se ficava alegre com o elogio pessoal ou se ficava aborrecida com a crítica sutil às religiosas. Aquela senhora pregou-lhe o último sermão dos exercícios espirituais!

Alegria de viver

Sem fazer juízos precipitados nem generalizar indevidamente, devemos admitir que, às vezes, não damos o testemunho de alegria. Atarefados e tensos, preocupados ou demasiadamente sérios, esquecemo-nos de que esse é o nosso primeiro apostolado, e corremos o risco de parecer (ou ser?) mais empenhados que contentes. Por quê? Se formos um pouco além das costumeiras, embora legítimas, desculpas (muito trabalho, dificuldade na missão, um certo culto da "seriedade" religiosa etc.), encontraremos um motivo mais profundo e pessoal: uma espécie de *inimizade, quase raiva contra a vida*.

"A vida não foi boa comigo. Dela mais recebi sofrimentos que alegrias... Não fui amado suficientemente por meus pais, compreendido pelos educadores, ou ajudado pela comunidade... Também errei e realizei poucas obras..." Frases assim são muito freqüentes na narração autobiográfica de quem vem pedir ajuda: pessoas cristãs ou consagradas ao Deus da Vida, em rompimento com a vida. É evidente que não se pode pretender consolá-las com os costumeiros comprimidos pseudocalmantes, que dão segurança (por exemplo, "há quem esteja pior do que você" ou "é preciso conformar-se, todos têm de sofrer um pouco"), nem mesmo com o comprimido "escatalógico" do além, que nada tem a ver com o aquém ("Coragem, a alegria não é deste mundo; só a usufruíremos no outro, onde finalmente se fará justiça!").

Pelo contrário! Certa alegria de viver já faz parte do reino deste mundo. E é alegria verdadeira, fruto de uma percepção realista da vida e, em particular, de uma experiência de salvação e de perdão. Aquele perdão que nos reconcilia com a vida.

Integração do bem

Até bem pouco tempo, eu não duvidava de que é muito mais difícil integrar o mal que o bem. Hoje, não estou tão certo disso: há muita gente que não consegue perceber e desfrutar a própria realidade positiva! As duas integrações, aliás, estão ligadas entre si. Mas do ponto de vista intrapsíquico, talvez se dê uma certa precedência à análise da relação com a própria realidade negativa. A razão é esta: nosso espanto diante do mal é maior que nossa atração pelo bem; o espanto reclama atenção, concentrando-a toda no negativo e afastando-a da percepção do positivo. O resultado é uma distorção perceptiva: vemos somente e sobretudo o nosso mal, as nossas fraquezas e responsabilidades morais a ponto de tudo parecer escuro. Então, nós nos irritamos com a vida. E até preferimos não pensar mais nela. Alguns conseguem fazer isso. Mas a maioria consegue apenas cancelar o bem de sua história: não o vêem mais e o subestimam, então não crêem nele.

Assim, o bem é como que sepultado, como capital não-desfrutado.

A não-integração do mal impede a percepção do bem. Enquanto não houver uma experiência plena do perdão, o pecado, ou o medo do pecado, continuará a perturbar o nosso presente e a deformar o nosso passado, tornando-nos inimigos da vida. Pelo contrário, o perdão, que nos vem do Pai, reconcilia-nos com nossa história, e não apenas com Deus; faz-nos descobrir não só o nosso mal, mas também o nosso bem. O perdão de Deus é festa, não somente penitência, porque nos liberta do medo de termos errado sempre na vida, de um passado que seria melhor esquecer, como também de sermos falidos porque fracos e atraídos pelo mal.

A misericórdia do Pai recupera esse passado, elimina do nosso coração o horror de recordá-lo; dá-nos olhos novos para vê-lo tal qual é, sem alterações pessimistas. Sobretudo, liberta-nos daquele medo do mal que nos impede de ver o bem. Enfim, faz-nos entender que tudo o que aconteceu não é para se jogar fora nem para se esquecer. No coração do nosso passado, é mister descobrir a presença de Deus, ou decifrar um projeto seu: presença ou projeto que passam através também do nosso mal e suscitam o bem. Na vida de todo ser humano existe esse bem. Um bem feito e, sobretudo, um bem recebido...

A descoberta do amor, que vai além da justiça (assim definimos o perdão), é a descoberta de uma gratuidade que abarca toda nossa vida.

Recebestes gratuitamente...

Numa sinfonia existe um motivo central que dá unidade e originalidade à obra, volta e se repete de vários modos, com diversos instrumentos e harmonizações, com modulações e variações que embelezam e enriquecem o seu fraseado, mas sempre dentro de um tema musical preciso. Assim é o perdão para nós: é o motivo central da nossa vida, ou o estribilho do nosso salmo responsorial.

Sem o perdão, não entendemos nada da nossa história. Experimentá-lo, com todo o coração e com toda a alma, quer dizer perceber que esse amor, que vai além do nosso mistério, *já* veio ao nosso encontro, muitas outras vezes, de diversos modos e por muitas pessoas. A "festa" do perdão rompe o encanto dessa mentalidade pagã exaltadora e mortificante que nos quer fazer ver a vida como conquista, os acontecimentos como uma luta, os outros como rivais, a nós mesmos como sujeitos — mais ou menos felizes, mas sempre protagonistas — do nosso destino. Essa festa faz-nos também descobrir a vida como dom, os acontecimentos como sacramento cotidiano de gratuidade, os outros como mediação de uma paternidade providente *e nós mesmos como seres que receberam tudo o que têm e o que são.*

Mas, repetimos, é o encontro com a misericórdia que nos abre os olhos do coração e da mente, ativando em nós uma forma correspondente de perceber a realidade. Só quem realizou essa experiência pode pensar que existe um amor-misericórdia, e esperar encontrá-lo em sua existência.

Se o perdão é descobrir o amor, a reconciliação com a vida será um contínuo reencontrar e reconhecer os sinais desse mesmo amor. Então, a nossa história apresentar-se-á para nós sempre mais como uma grande sinfonia maravilhosa de bondade, ternura, misericórdia, gratuidade, compreensão, que muitas pessoas, instrumentos de uma boa vontade, usaram conosco, desde o primeiro dia de nossa vida, sem nada termos feito para merecê-lo. E, talvez, sem nunca nos termos dado conta e, muito menos, tendo o trabalho de agradecer. Não, não temos realmente direito algum de nos queixar da vida. Nossas lamúrias seriam uma nota terrivelmente desafinada!

Dai gratuitamente

A lógica das palavras de Jesus é absolutamente evidente: se recebemos gratuitamente, é *normal* que demos com a mesma gratuidade, sem nos sentirmos heróis, antes, com a certeza de que, *por mais que demos, nunca chegaremos a dar tanto quanto temos recebido.*

Infelizmente, nossa lógica não é sempre desse parecer, sobretudo se ainda não estamos bastante convencidos de que recebemos tudo como dádiva. Assim, acreditamos que temos "o direito de uma compensação por todo esforço, por todo trabalho, por todo sofrimento e desejo. Todas as vezes que nos esforçamos por fazer algo, e esse nosso esforço não é valorizado, sentimo-nos arrasados. Quando recebemos uma ofensa, esperamos que o ofensor seja castigado ou se desculpe. Se fazemos o bem, esperamos o reconhecimento da pessoa beneficiada... Todas as vezes que fazemos alguma coisa, temos absoluta necessidade de que, ao menos, o equivalente volte para nós. E como temos necessidade disso, acreditamos que isso nos caiba, por direito" (S. Weil).

Nossa vida torna-se, então, um dar interessado e medido, um pretender mesquinho e insaciável, um frenético exaltar direitos (imaginários), um desconfiar dos outros e um presumir de si. Em poucas palavras: uma vida não reconciliada, que gera somente tristeza e irritação, falsos heróis ou vítimas ressentidas.

Contudo, tal atitude não é, principalmente, fruto de maldade ou de mesquinhez: quem não dá, gratuitamente, é porque tem uma visão mesquinha da vida, cheia de medos e de suspeitas.

O indivíduo não reconciliado dificilmente será reconciliador. Na realidade, ninguém acredita ser natural dar sem esperar alguma recompensa com total desinteresse. Só agirá assim quem experimentou a gratuidade extraordinária de um amor que o criou, remiu, reconciliou. Esse amor é o perdão.

Capítulo Quarto

Esse perdão tão difícil!

Aconteceu, há pouco tempo, a meu coirmão. Tinha contado às crianças da catequese a parábola do filho pródigo. Em seguida, pedira-lhes que escrevessem o resumo da parábola. Uma das crianças escreveu: "Um homem tinha dois filhos. O mais jovem não estava contente em casa. Um dia, foi embora para longe, levando consigo todo o dinheiro que tinha. Mas, em certo momento, esse dinheiro acabou. Então, o rapaz resolveu voltar para casa, porque não tinha nem mesmo o que comer. Quando estava para chegar, seu pai o viu. Todo contente, correu ao encontro do filho. No caminho, encontrou o outro filho, o filho bom. Este lhe perguntou aonde é que ele estava indo assim com tanta pressa. O pai respondeu: 'Aquele infeliz do teu irmão voltou; depois de tudo que ele fez, merece uma bela surra!' O filho bonzinho se ofereceu: 'Quer que eu ajude, papai?' O pai respondeu: 'Quero sim!' E assim, os dois moeram de pancadas o fujão. No fim, o pai chamou um empregado e lhe ordenou que matasse o novilho mais gordo, para fazer uma grande festa, porque, finalmente, conseguira realizar o desejo de castigar aquele filho tão desmiolado e tão ingrato!"

Cabeça cheia de fantasia ou menino distraído? Não. Meu coirmão assegurou-me de que era atentíssimo. É um caso clássico de rejeição intelectual ou de distorção perceptiva. Sua mente não podia aceitar o final proposto pelo Evangelho: é absurdo aquele pai perdoar assim! Não dá para acreditar no arrependimento daquele filho. O irmão mais velho tem razão de se queixar. Assim, provavelmente sem perceber, aquele menino deu um desfecho mais "normal" à história. E sempre de acordo com os critérios de justiça de uma sociedade que está perdendo o sentido do perdão, que não crê em quem se arrepende e que substitui a gratuidade pela reivindicação.

Essa criança é fruto desta sociedade. Todos nós e todas as nossas comunidades, de certa forma, também o somos.

O perdão não nos é fácil e espontâneo. Muitas vezes é apenas um desejo ou um esforço. Há até religiosos que vivem com ressentimento no coração. Dão a impressão de que não conseguem (ou não querem) esquecer injustiças (muitas vezes imaginárias) recebidas no passado. Vivem profundamente infelizes, semeando tristeza e rancor.

É algo grave e, talvez, não tão raro assim! Por que essa dificuldade em perdoar?

1. "Servo mau..."

O primeiro motivo é o mais fundamental. Talvez o possamos intuir. Não pode dar o perdão quem não tem consciência de tê-lo recebido. Ou, em outras palavras, *a capacidade de perdoar é diretamente proporcional à experiência de ser perdoado*. Ninguém pode dar aquilo que não tem, sobretudo em se tratando de algo, como o perdão, que não nasce espontâneo do coração do ser humano. Só Deus podia inventá-lo. E não basta, naturalmente, uma experiência qualquer. Também o servo implacável (Mt 18,23-35) tinha recebido o perdão da vultosa dívida, mas mostrou-se mesquinho com quem lhe devia uma quantia extraordinariamente inferior.

É uma parábola que muito nos diz respeito: vivemos imersos no perdão; fomos todos gerados por um ato de misericórdia; recebemos muito mais do que merecíamos e do que tínhamos dado. Mas ter consciência de tudo isso, experimentá-lo e desfrutá-lo, implica um determinado processo psicológico — cujas fases indicamos nas páginas precedentes —: da capacidade de reconhecer o próprio pecado à descoberta da alegria do Pai que perdoa. É evidente, por exemplo, que quem não se arrepende dos próprios erros e não está reconciliado com o Deus da cruz, muito dificilmente será uma pessoa misericordiosa.

A experiência da reconciliação — como toda experiência espiritual — deve ser plena e significativa, envolver coração, mente e vontade, segundo um itinerário que respeita a natureza do ser humano e se abre, gradativamente, à graça de Deus. O contrário é ilusão. E nos arriscamos a ser, sem o saber, servos malvados.

2. Instinto de violência

A dificuldade de perdoar nos revela e nos faz compreender que, além dos nossos propósitos e ilusões de perfeição, existe em nós um instinto de perversidade; destrói o mito do eu inteiramente bom que ama Deus e o próximo, levando-nos a descobrir um eu hostil, atraído pelo mal. Existe violência em nosso coração. Seria ingênuo e perigoso negar isso! E é exatamente um tal impulso que quer impedir-nos de sermos misericordiosos. O perdão frustra o instinto de violência, uma vez que é uma forma, talvez a mais humilde e eficaz, de não-violência. Perdoar é depor as armas das nossas extorsões psicológicas, é abandonar os desejos sutis de vingança; é renunciar a fazer justiça com as próprias mãos. Sem dúvida, quem age assim, aparentemente, sofre uma violência; na realidade, porém, a evita, porque rompe uma lógica (semelhante, às vezes, a uma espiral enlouquecida) de violências contrapostas em que os dois contendores saem perdendo e quem agride, de fato, é o agredido.

Pelo contrário, quem não perdoa tem a impressão de estar satisfazendo seus instintos de violência. No entanto, sentirá, num dado momento, voltada contra si a agressividade que projetou. É a história de quem guarda rancores, vive deprimido e cheio de raiva. Atraído pela perspectiva de descarregar a própria violência, acaba por descarregá-la só sobre si mesmo.

3. Instinto de domínio

É uma outra tendência do nosso psiquismo que nos complica o perdão. Tal impulso — inato e universal — leva-nos a controlar os outros, a levar vantagem sobre eles, a influenciar-lhes a conduta, a mandar ou proibir. Mediante a satisfação desse instinto, sentimo-nos um tanto onipotentes. Situação, essa, que muito nos agrada.

Desse ponto de vista, o perdão, ao contrário, não nos satisfaz em absoluto. É uma experiência de impotência e de dependência, não de poder e de domínio. Quando perdoamos, nós nos abandonamos, de certa forma, ao outro e ao seu poder, expomo-nos à sua imprevisibilidade e lhe deixamos a liberdade de nos ofender e ferir, renunciando até ao direito de fazê-lo entender que nos sentimos ofendidos. Tudo isso nos dá medo, é como um insulto à nossa dignidade pessoal. Então, para justificar nossa incapacidade de perdão e nossas atitudes ressentidas, recorremos a falsas pretensões pedagógicas, dando ao nosso comportamento de ofendidos o valor de uma lição salutar para o outro ("ficarei mal-humorado, assim aprenderá...", "não lhe dirijo a palavra, assim outra vez estará mais atento", "devo dar-lhe a entender que me ofendeu, assim não o fará mais...").

A verdade é que o perdão exige uma grande liberdade interior, libertando-nos do medo de perder nos confrontos do outro, de não nos fazer temer o bastante, de ser fracos — por não fazermos valer as nossas razões e os direitos —, de consentir afrontas — por não termos a coragem de condenar ninguém...

Muitas vezes, o não perdoar é resíduo de poder que ficou em mãos de pessoas fracas. Poder ilusório, é evidente, mas grande tentação.

4. Necessidade de estima

Outra dificuldade específica de manifestar misericórdia nos vem da necessidade de possuir uma imagem positiva de nós mesmos, ignorando — ou minimizando — o que poderia ofuscá-la ou pô-la em discussão, e fazendo de tudo para que também os outros tenham um bom conceito de nós. É claro, então, que se venho a saber de uma crítica ou (muito pior) de uma calúnia a meu respeito, será muito mais difícil eu perdoar, sobretudo se a estima que tenho de mim mesmo é ainda bastante instável ou dependa, excessivamente, daquilo que os outros pensam e dizem de mim, isto é, da minha imagem social. A mesma dificuldade sentirei se alguém da comunidade tomar a liberdade de falar de mim, de duvidar ou até de me ofender com respeito àqueles aspectos do meu comportamento que eu considero mais significativos e positivos para a minha estima.

Quanto mais me sentir ofendido, tanto menos estarei disposto a perdoar. Todavia, deverei perguntar-me: "Estou ressentido porque aquela determinada atitude foi ridicularizada ou porque fui magoado?" Quem ama profundamente um ideal, por sua validade intrínseca e não porque lhe permite melhorar a própria imagem, sabe fazer essa distinção. E, no caso concreto, sabe também como proceder nessa circunstância: não se mostra por demais ofendido, e consegue, exatamente por meio do seu perdão, manifestar o valor no qual acredita. O ressentimento excessivo, que impede o perdão, ao contrário, jamais pode ter origem no amor ao valor.

Existe, enfim, outra situação em que a necessidade de estima se torna um obstáculo para o perdão: quando notamos que devemos não somente perdoar, mas também nos *fazer perdoar*. No fundo, o fato de perdoar poderia convencer-nos de que somos bons, melhores que os outros. Dessa forma satisfaríamos nosso narcisismo. Mas se formos bastante honestos, a ponto de reconhecer nossa responsabilidade naquela determinada circunstância, então nossa estima poderá encontrar uma ameaça numa vontade de perdão.

Na verdade, essa reciprocidade no dar e receber o perdão não é, nem deveria ser, tão rara. Com efeito, se realmente fomos ofendidos, podemos ter dado motivo para isso. Se recebemos uma injustiça, podemos ter colocado as premissas com indelicadezas ou omissões.

Quando *perdoamos, temos, também, sempre algo que necessita de perdão*. Por isso é tão difícil o perdão! Tanto mais difícil quanto menos conscientes estamos da necessidade que temos dele.

Capítulo Quinto

Senhor, ensina-nos a perdoar!

Há algum tempo, quando no "pai-nosso" peço ao Senhor que me perdoe como eu perdôo os outros, domina-me um misto de medo e um sentimento de culpa. Então, reajo espontaneamente, invertendo o pedido e suplicando ao bom Deus que me ensine a perdoar como ele me perdoa. Estaria perdido, se Deus fosse misericordioso comigo como eu sou com os outros! Por esse motivo, ao rezar o "pai-nosso", vejo-me na escola da misericórdia divina. É uma escola na qual são admitidos somente os que têm consciência do próprio pecado e onde o dom do perdão se liga constantemente com o mandamento do perdão: "Vai, e também tu faze o mesmo" (Lc 10,37).

1. Da Misericórdia para a misericórdia

Só Deus pode fazer isso: seu amor por nós não nos torna crianças mimadas, nem satisfaz nossa ânsia de ver-nos no centro da atenção dos outros. Por outro lado, seu perdão não é um desconto ou um indulto.

Ao perdoar-nos, Deus cria em nós um coração novo, *modelado sobre o seu, capaz de perdoar à sua maneira.* É exatamente esse o maior sinal da sua misericórdia: ama-nos a ponto de enviar-nos ao mundo como instrumentos de sua reconciliação, pondo em nosso coração um amor que supera a justiça. Poder perdoar é dom de Deus. Quem perdoa vive a experiência de ser amado pelo Pai, contanto que a sua misericórdia se espelhe na misericórdia divina. Nem sempre nosso perdão é, na realidade, cristão (e psicologicamente autêntico). Só o é aquele que se reveste, dentro das possibilidades da criatura humana, das características fundamentais do perdão divino.

2. Perdão criador

Foi por um ato da misericórdia divina que recebemos a vida, humana e cristã, antecipando-se até ao pecado e ao nosso arrependimento. E é sempre um ato criativo o perdão que recebemos continuamente de Deus. Dessa verdade derivam algumas consequências importantes.

1) O perdão é gesto *gratuito,* não vinculado ao pedido de outra pessoa nem mesmo ao seu arrependimento. Quem perdoa "antecipa" tudo isso: não espera ou não procura os sinais de arrependimento; está disposto, se necessário, a dar o primeiro passo e não impõe condições ao ofensor. Muito menos espera dele eterna gratidão.

2) O perdão é gesto *humilde que não humilha,* tão discreto e silencioso que a pessoa que o recebe poderia até achá-lo natural ou não saber quanto custou. Conceder o perdão não significa fazer o ofensor cair de joelhos para

que reconheça as suas injustiças, nem mesmo obrigá-lo a reconhecer sua falta, levando-o a avaliar, com sutil malignidade, sua culpa. Nada de solene nem demasiado sério nesse tipo de perdão: ele nasce — ou às vezes permanece oculto — num coração "educado" pela misericórdia divina e manifesta-se, externamente, com uma atitude mansa e condescedente.

3) De fato, o perdão é mais um *estilo de vida* que um ato ligado a uma falta. É uma forma de colocar-se diante do ofensor e de sua fraqueza, mas que não aparece tão-somente depois da queda; antes, pode, às vezes, impedir essa queda, porque é uma forma de bondade, compreensão, magnanimidade; forma de quem não se detém ao castigo que o ofensor merece nem se escandaliza com sua miséria. O indivíduo misericordioso não pode esquecer-se de que também falhou muitas vezes, sem ter recebido condenação...

4) O verdadeiro perdão é *sincero,* mostra uma vontade real de acolhida e comunhão, um desejo eficaz de passar por cima do que houve, para reconstruir o relacionamento em bases novas. Em particular, o perdão é sincero, quando nasce da convicção de que o vínculo com o outro é tão importante que vale a pena renunciar à exigência da reparação, por uma injustiça recebida. Às vezes, portanto, poderá o perdão ser sofrido, porém nunca concedido só por capricho ou forçadamente.

Conseqüentemente, quem perdoa não alega ao outro o *passado*. Antes, "esquece-o", ou seja, torna-o sempre menos influente. Ao passo que reconhece, no *presente,* a necessidade de um tu, ou, pelo menos, é tão realista que prefere humilhar-se e não se vingar, em vez de isolar-se — privado do bem do relacionamento. Destarte, poderá construir um *futuro* novo, que não seja a simples reedição do passado, um repetir monótono de injustiças, pirraças, vinganças, desforras, numa brincadeira de crianças.

5) Pode nascer um futuro diferente, porque o seu perdão é fundamentalmente uma *mensagem de estima e confiança* no outro, um acreditar em sua *amabilidade objetiva*, que persiste além da culpa, um captar a *verdade* do seu eu, atrás da máscara das defesas (e das quedas). Quem perdoa está convencido de que o irmão é melhor que aquilo que aparenta ser, e insiste em entender, com sua "compreensão", como é inútil defender-se.

Por isso, o perdão não é simples compaixão. Muito menos é cobrir a falta com o manto da caridade. Ao contrário, é força que provoca a descoberta e a revelação da própria identidade. É aquela energia escondida nas palavras de Jesus: "Vai, e de agora em diante não peques mais" (Jo 8,11); força que cria aquilo que diz.

3. Perdão redentor

Confessar a Deus o próprio pecado é experimentar a plenitude do seu perdão e sentir-se reconciliado com o Deus da cruz, fraco e amoroso. Tal experiência de misericórdia gera em nós uma atitude correspondente de misericórdia:

1) Uma misericórdia plena, generosa, que geralmente supera a dimensão da culpa, e não se contenta em restabelecer, de qualquer forma, o relacionamento, em responder à saudação, em não se negar ao outro. É, em vez disso, gesto positivo de encontro, de acolhida, de cordia-

lidade; é um procurar voluntariamente o relacionamento, é estar disponível a repetir o perdão até "setenta vezes sete", sem se envergonhar de passar por tolo nem tomar atitudes de herói.

2) Na verdade, essa misericórdia *é amor* que supera a justiça, justifica-se e pode ser compreendida e posta em prática somente se contém e revela amor. O perdão sem amor, se é possível, é um não-perdão. O ser humano misericordioso salva e redime só enquanto ama: quer o bem do outro, entristece-se, sinceramente, com o mal dele, sente-se no dever de fazer algo, porque a salvação desse irmão lhe interessa. Não existe mais só a motivação da utilidade ou da importância do relacionamento, e sim esta mais nobre e verdadeira: *sentir-se responsável pelo outro.*

3) Esse amor é uma força poderosa, maior que o pecado. Não capitula diante do mal, porque é sempre capaz de redescobrir o bem ou de salvar a intenção, de dar novamente a esperança ou de convidar a continuar a caminhada juntos. Mesmo quando o ofensor demonstra não estar interessado por essa benevolência ou está empedernido em sua hostilidade. Para perdoar não é preciso haver duas pessoas. Basta um ato de amor. Se este for sincero, terá força para mudar a história, embora a longo prazo. No momento, pode parecer inércia, sentimentalismo ingênuo, medo de ser enérgico, arriscado por oferecer a face a quem costuma bater.

Também Paulo VI, quando se ajoelhou diante dos "homens" das Brigadas Vermelhas (por ocasião do seqüestro de Aldo Moro, presidente da Democracia Cristã Italiana, em 1978), deu a impressão de ter realizado um gesto patético e inútil, desmentido pelo cruel final daquela situação. Contudo, se hoje há quem se arrependa, mesmo na complexa heterogeneidade de motivações e atitudes, é também graças a gestos proféticos como aqueles gestos humildes e às vezes ocultos, mas sempre cheios de profunda e benevolente humanidade, de vontade de comunhão, de confiança no ser humano. Foram necessários diversos anos, mas aquele ato, junto com outros, mudou um pouco a nossa história.

4. Perdoar como pecadores

Até aqui, estivemos na escola da misericórdia divina. Mas há outra característica, nitidamente humana, do perdão. Devemos perdoar *como pecadores, não como justos*. Quer dizer, antes de tudo, que não podemos esquecer-nos do nosso pecado, enquanto desculpamos o pecado dos outros. Seria perigoso um tal esquecimento: daria um tom de falsidade à nossa presumida misericórdia, porque nos colocaria num plano de superioridade com relação ao outro, na estranha posição dos justos. E o justo não sabe perdoar; antes, é melhor que não o faça, porque, fazendo-o, pareceria uma simulação do perdão, uma indigna encenação: aquele que, do alto de seu pedestal, se digna, com auto-suficiência, a conceder perdão, pode continuar a sentir-se sempre mais justo.

Jesus tinha razão: quem está — ou se ilude que está — sem pecado só serve para atirar pedras.

Pelo contrário, quando o pecador perdoa, compreende que seu perdão *é mais para ser compartilhado que para ser concedido:* não é dar do próprio, mas haurir de um dom que vem do Alto, sem o qual não seríamos jamais capazes de misericórdia. Quem dá e quem recebe o perdão participam e usufruem juntos, da mesma reconciliação com Deus, entre si e com o próprio pecado pessoal.

Podemos, então, compreender melhor, como já lembramos, por que o perdão *nunca é somente para ser dado, mas também para ser pedido.* Bastariam essa honestidade e essa transparência interior para dar ao nosso perdão um estilo inconfundível de simplicidade e de generosidade, e fazer-nos abandonar a presunção e suficiência que o tornam difícil e distorcido. Na realidade, perdoar será sempre algo difícil. Às vezes, parecer-nos-á simplesmente impossível: pode haver feridas que não cicatrizam tão facilmente e que, sobretudo, não conseguimos esquecer. Nesses casos, o perdão é só desejo, tensão ideal, como: orar por quem nos feriu e pela própria ferida que não cicatriza.

"Senhor, ensina-nos a perdoar!"... Assim nos reencontraremos na escola do Deus da misericórdia.

Capítulo Sexto

O perdão na comunidade

Para compreender que lugar ocupa o perdão na dinâmica comunitária, é necessário, antes, entender o conceito de comunidade. Quando se tem uma idéia perfeccionista desta, como um conjunto de pessoas justas, sem problemas de relacionamento, porque são todas iguais ou porque se estimam mutuamente — ou se ignoram —, e ficam horrorizadas, escandalizadas, diante do mal dos outros, então o perdão se torna uma exceção, uma eventualidade desagradável. Mas se a comunidade é o lugar de encontro daqueles que, além do projeto de viver juntos, constatam, diariamente, a própria fraqueza e a dificuldade de se querer bem, então haverá, freqüentemente, necessidade de conceder e receber o perdão.

No primeiro caso, teremos uma comunidade em que tudo "deve" correr bem. Assim parece acontecer, com efeito, pelo menos enquanto seus membros puderem continuar a fingir e a esconder-se. No entanto, nesse agregado de pessoas, que nada têm a perdoar-se, há bem pouco de cristão. A pretensão de que a comunidade seja perfeita provoca somente frustrações e ressentimentos.

No segundo caso, teremos, ao contrário, uma comunidade que "admite" o fato de os próprios membros serem limitados, diferentes e difíceis, culpados e pecadores. A comunhão, nesse caso, nasce não só da partilha dos ideais, mas também da convicção de uma pessoa ter necessidade do perdão da outra.

Essa comunidade de irmãos, que compartilham da mesma misericórdia do Pai, vem do Espírito. No centro dela não há um sonho pagão de unanimidade fácil — e impossível —, mas um esforço humilde e paciente de reconciliação, sempre mais forte que o pecado.

1. Coração da vida comunitária

A comunidade não pode construir-se e continuar vivendo fora de uma lógica de perdão. Quem faz parte dela, deve ter feito amadurecer uma mentalidade e uma experiência nesse sentido. Não é exagerado dizer que o perdão é o coração da vida comunitária. E isso, pelo menos, por dois motivos:

1) *A reconciliação impede que o pecado cause obstáculos — permanecendo escondido — ao relacionamento fraterno.* O mal, sabemo-lo muito bem, tende a permanecer oculto, prefere as trevas do inconsciente ou do esquecimento, teme a luz do confronto e de ser descoberto. Causa-nos medo, por isso somos levados a ignorá-lo e a mantê-lo bem protegido, iludindo-nos de que assim conseguimos neutralizá-lo. Entretanto, sucede o contrário: o que fica oculto não pode deixar de perturbar a vida consciente; e,

como se trata de um pecado que fere o próximo, tem certa carga de destruição da comunidade.

Nem mesmo podemos iludir-nos de que basta o perdão sacramental. É demasiado fácil — e sem sentido — pedir somente ao Pai perdão da ofensa feita ao próximo. É também um modo de deixar, na penumbra de um falso intimismo, o próprio erro (antes, surge a dúvida de que se pôr diante de Deus somente seja, na realidade, confessar-se diante de si mesmo, para absolver-se). Se o outro me ofendeu, muitas vezes não basta que eu lhe conceda o perdão, no segredo do meu coração, ou diante de Deus: devo saber exprimir esse perdão ao meu ofensor. Enquanto o mal permanecer escondido, ele destrói e fragmenta a comunidade. Quando, ao contrário, é reconhecido no perdão fraterno, não somente perde toda a sua força maléfica, como pode até se tornar ocasião de crescimento e de redescoberta daquilo que nos une.

2) Não há comunidade sem perdão, porque *a reconciliação é o único caminho para a comunhão*. Viver junto com o outro (ou com os outros) faz-nos descobrir a verdade do nosso próprio eu: quando alguém vive sozinho, pode também se iludir de que é bom, sabe amar, é capaz de esquecer as ofensas. Contudo, vivendo com os outros, começa gradualmente a descobrir um eu diferente e imprevisto, cheio de limitações e egoísmos, de desejos insaciáveis e de frustrações, ciúmes, ódio e agressividade.

A vida comunitária é a revelação penosíssima, muitas vezes inesperada, das fraquezas e das dificuldades pessoais, dos "monstros" escondidos em nós. "É o lugar em que se descobre a profunda ferida do próprio ser e em que se aprende a aceitá-la" (J. Vanier). Se é verdade que cada um de nós nasceu a partir dessa ferida, também *as nossas comunidades nascem da aceitação recíproca das feridas de cada um*. Qualquer outra forma de edificar a comunidade é enganadora, ilusória e destinada a logo fracassar.

Enquanto não houver essa aceitação, somos apenas um clube de aristocratas do espírito, que acreditam não poder sujar as mãos com as indignidades dos outros. Assim, a vida comunitária torna-se um inferno, algo impossível. Quando, porém, existe essa aceitação fraterna, é como se toda a comunidade carregasse nos ombros o peso ou a ferida do irmão. Então, caminha-se mais rapidamente, como pecadores reconciliados que encontraram a si mesmos e a comunhão, perdoando-se mutuamente e redescobrindo, todos os dias, "como é bom e agradável os irmãos viverem juntos".

2. A parábola da comunidade reconciliada

Toda comunidade é construída segundo o paradigma da parábola do filho pródigo. As mesmas personagens, a mesma dinâmica. Há quem erra e quem perdoa, quem tem dificuldade de perdoar e quem não se deixa perdoar ou se aborrece porque existem os misericordiosos. Esclareçamos, desde já, que não há papéis fixos: cada um de nós ora é o filho pródigo, ora o irmão mais velho, ora — talvez mais raramente — o pai que perdoa. É perigoso esquecer essa realidade. Importa, então, saber interpretar bem o papel do *filho pródigo*: ter consciência do próprio erro, sofrê-lo sobretudo como uma injúria feita a toda a comunidade, ter a humildade de pedir perdão, sentir-se disponível para ocupar o último lugar como o mais apropriado, ser servo, sem se sentir humilhado...

Quando existe essa consciência e quando ela se manifesta em atitudes concretas, descobre-se a dimensão "materna" da comunidade: cada um se sente acolhido sempre de novo, muito mais do que merece. Quem não se sente assim na sua comunidade deve antes se interrogar seriamente sobre como vive e como interpreta, também diante dos outros, o seu ser pecador. É claro que quem não se sente bastante filho pródigo verá, em volta de si, apenas uma comunidade-madrasta, encontrando inúmeros motivos para repudiá-la.

Muitas outras vezes, porém, somos como o *irmão mais velho*: não só temos dificuldade em perdoar, como também nos aborrece quem consegue perdoar. Gostaríamos de impedi-lo de agir assim. É uma atitude muito prejudicial uma vez que quem arruína a vida comunitária não é tanto quem erra e cai, mas quem se obstina no julgar, no condenar e em não compreender que o perdão dado a um irmão é útil a todos, porque todos se beneficiam dele. Quem é tentado a agir desse modo precisa lembrar-se de que também errou muitas vezes, e sempre foi perdoado, mesmo sem ter pedido desculpas a ninguém. Ademais, necessita lembrar-se de que é chamado a ser filho e irmão, não servo mau, vingativo e invejoso que recebeu muito mais que deu e pediu (ou se envergonhou de pedir). Por conseguinte, é necessário fazer festa e alegrar-se quando alguém "volta". Provavelmente, haveria mais festa em nossa comunidade se houvesse menos "irmãos mais velhos".

Enfim, o *pai* nos ensina a ter paciência e confiança, a não pretender a reconciliação imediata, antes, a saber esperar e acolher. Em certo sentido, esse pai é um fracassado: nunca se vê em harmonia com os filhos: volta um, "escapa" o outro. Em seu coração, porém, acolhe e espera a ambos, fazendo-nos lembrar que a reconciliação plena é um ponto de chegada, um bem ideal jamais completamente atingível, mais importante pelo que cria em nosso íntimo que pelos resultados exteriores e visíveis. Feliz daquela comunidade que procura, cada dia, atar e reatar os relacionamentos fraternos, com infinita paciência e solidariedade obstinada!

Vejamos, agora, alguns sinais concretos que nos ajudam a viver num clima de reconciliação.

3. Gestos de reconciliação

1) *Celebrar com mais freqüência liturgias penitenciais.* É importante reviver, na liturgia, esse esforço de repacificação entre nós. Juntos, devemos nos colocar diante de Deus para que ele nos conceda a força de perdoar que nos falta, cure as feridas que não querem cicatrizar, restabeleça os relacionamentos que parecem irremediavelmente comprometidos. Devemos crer na eficácia dessa súplica comunitária. Por meio dela, necessariamente, sem fazer confissões públicas, poderemos receber, juntos, o perdão divino que nos reconcilia. Prosseguindo no paradigma do filho pródigo, é bom que essas liturgias terminem com um banquete, ou algo parecido, que crie um ambiente alegre em que talvez se consiga fazer algum irmão mais idoso sorrir.

2) Ainda no âmbito da liturgia, uma preciosa e diária ocasião de reconciliação nos é oferecida *pelo rito penitencial*

e pelo abraço da paz, durante a celebração eucarística. No entanto, é necessário interpretar criativamente, num contexto de liturgia viva, esses momentos, e não apenas nas celebrações extraordinárias e festivas. Temos necessidade de reconhecer, *todo dia,* aquele pecado que ocasiona a divisão. Diariamente somos chamados, também, a renovar os motivos pelos quais estamos juntos e nos queremos bem. Exatamente porque vivemos em comunidade, temos necessidade de repetir gestos, simples, mas verdadeiros, que exprimam nossa vontade de concórdia.

3) Favorecer ao máximo aquelas formas de intercâmbio fraterno e de partilha comunitária pelas quais o pecado vem à tona e pode ser neutralizado em sua potencialidade destrutiva. Refiro-me, em particular, à *correção fraterna e à revisão de vida.* Sobre isso, porém, falaremos mais detalhadamente a seguir.

4) Lembrar e fazer os outros lembrarem também, mais freqüentemente, sobretudo antes de certos momentos comunitários (reuniões de planejamento, programação etc.), que, *se não estivermos em paz, dificilmente poderemos conhecer a vontade de Deus sobre nós mesmos.* Seria muito melhor fazer menos reuniões, mas mais bem preparadas, mediante a conversão do coração.

Capítulo Sétimo

O perdão na Igreja

A Igreja é um evento de reconciliação. Nascida do sangue de Cristo, que reconciliou consigo tudo, ela não tem outra riqueza além da sua história. Um passado de misérias e de misericórdia, de pecado e de perdão. É uma história de salvação, que fez da Igreja a mãe compreensiva e prudente, especialista no perdão. Ela, alguém já disse, é uma fraternidade fundada sobre um corpo dividido (J. Tillard), portanto, uma fraternidade jamais pacífica, antes, sempre inquieta e a ponto de romper-se. Aquela palavra de reconciliação que a Igreja anuncia aos que estão distantes, ela a dirige antes a si mesma, porque sabe que só poderá ser reconciliadora se estiver reconciliada.

De um lado, então, não nos admiramos com as fraquezas e as falhas, as tensões e os contrastes nesta nossa comunidade de crentes. De outro, porém, não podemos deixar de sentir, como inatural, uma certa luta eclesial, hoje talvez crescente tanto no âmbito individual quanto no de movimentos, de famílias religiosas, de conselhos pastorais e presbiterais, de orientações teológicas... Uma disputa que se torna grave e perigosa, quando se cristaliza e divide, criando contrastes insanáveis, ou mesmo quando permanece escondida, não se resolvendo com um confronto dialético. Antes havia grupos de dissensão, hoje parece haver grupos de luta. No entanto, se somos capazes de nos separar, devemos mostrar que somos capazes também de nos unir na mesma fé, embora permanecendo na diversidade.

1. Reconciliação e auto-estima

Em nossa análise intrapsíquica, queremos nos perguntar em que consiste essa capacidade de reconciliação intra-eclesial.

Antes de tudo, depende da *solução do problema da própria identidade*. Esta, como sabemos, deriva de uma relação equilibrada e fecunda entre o eu atual e o eu ideal, entre aquilo que a pessoa é, com suas idéias e suas limitações, e o que sente que deve ser, com seus ideais e aspirações. Desse equilíbrio dinâmico surge, no indivíduo, um sentimento fundamental de estima, que é condição para viver, serena e equilibradamente, a relação entre a própria individualidade e a diversidade dos outros. Com palavras mais simples, podemos dizer que *quando um indivíduo tem uma concepção substancialmente positiva de si, tem também uma predisposição perceptiva favorável quanto ao relacionamento com os outros, e vice-versa.*

Concretamente, isso comporta:

1) *A capacidade de reconhecer o outro em seu valor essencial*, no que o torna positivo, digno de confiança e

estima, especialmente se compartilhamos esses valores fundamentais. Tal apreciação permite descobrir também aquele bem mais específico e subjetivo, ligado à individualidade do outro, que o torna único, jamais enquadrável completamente em um determinado grupo, jamais definível como simples resultado de agregações sociais.

Conseqüentemente, não é, na verdade, correto nem reconciliador enquadrar logo o interlocutor — como fazem alguns — no grupo de origem: é uma forma de ignorar a sua realidade específica, desconhecendo sua individualidade e suas características, seu modo próprio de ser e de pensar, e nivelando — ou cancelando — o todo com etiquetas e rótulos.

Quem age assim tem medo da realidade e de sua complexidade, sentindo-se incapaz de enfrentá-la. Em particular, tem medo dos outros, teme encontrar adversários e concorrentes. Então, defende-se. Resolve, de uma vez por todas, separar o que é bom do que é mau, o belo do feio, isto é, "isola" a positividade atribuindo-a a alguns ambientes ou a algumas pessoas, os quais se tornam "totalmente positivos". Por outro lado, descarrega a negatividade em outros grupos ou indivíduos, que se tornam "totalmente negativos".

Assim, com a intolerância e o dogmatismo um tanto maniqueístas, tem a impressão de esclarecer a realidade e sentir-se mais seguro... Contudo, corre o risco de perder de vista o ser humano concreto, de recusar o outro simplesmente porque pertence a um grupo suspeito, de contrapor-se, não por problemas importantes, mas com base em preconceitos e desconfianças, ao som de *slogans* e frases feitas, de uma repetição exasperadora. Parâmetros interpretativos e chaves de leitura são uma ajuda, enquanto flexíveis e abertos à natural imprevisibilidade do ser humano concreto.

2) A coragem de encontrar o outro em sua originalidade implica, também, *a liberdade de aceitá-lo em sua diferença e em suas limitações*. Quem se sente bastante positivo consente que o outro seja ele mesmo, com seus dons e seu modo pessoal de ver a vida, com seus defeitos e suas inconsistências. Não se sente ameaçado pelo fato de seu irmão poder ser melhor que ele e ter idéias diferentes e até mesmo contrárias às suas. Por outro lado, não se escandaliza com o negativo que vê no irmão, nem se afasta para não ser contaminado por ele.

Uma certa alteridade é necessária, pois, sem ela, a caridade cristã correria o risco de não ser senão um esforço para mascarar o medo de sermos nós mesmos, perdendo muito de sua carga profética. Mas então é preciso aceitar, como natural, uma certa situação de conflito, com tudo o que ela comporta de sofrimento e de fecundidade: ou seja, não a eternizar nem fazer dela motivo de divisão, culpando-penalizando as divergências, fazendo de tudo uma questão moral ou de fé. Pelo contrário, é necessário saber discutir com liberdade e clareza de posições, sem espírito de prepotência nem lista de ressentimentos, sem soluções autoritárias nem ataques pessoais... Sim, talvez devamos aprender a *discutir sem nos separar* em nossos grupos, nas comunidades, na Igreja. E, para isso, precisamos aprender que não temos necessidade de vencer ou de dominar para nos sentir alguém!

Às vezes, tem-se realmente a impressão de que uma certa contenda de igreja ou sacristia tenha origem na busca sutil e frustrada de estima ou de glória.

2. Reconciliação e verdade

A reconciliação, evidentemente, deve acontecer na verdade: se acontece fora dela, alguém está trapaceando, ou não tem a coragem de enfrentar a raiz do problema. O que importa é ver, sempre do ponto de vista psicológico, a relação de cada um com a verdade. É um problema ligado ao da estima. Com efeito, esta deriva, também, dos valores nos quais o sujeito reencontra sua própria identidade.

À medida que os assume, o indivíduo não só se estima, mas está na verdade. É evidente que se tratará sempre de um caminho progressivo, de uma lenta aproximação da verdade do eu, o qual não aceita que ninguém se sinta depositário e intérprete absoluto de toda a verdade, nem como indivíduo nem como grupo. Não se trata nem mesmo de instrumentalizar o fato de pertencer a um determinado movimento, como se este pudesse garantir a verdade dispensando um ou outro de buscá-la e de ser leal a ela.

Será, então, importante lembrar que até no fato de aderir a associações eclesiais podem infiltrar-se motivações pouco eclesiais: busca de identidade e segurança, identificação com quem pensa como eu e rejeição de quem não está de acordo, necessidade de ser acolhido e considerado, dependência de um *líder* carismático, lógica do "poucos, mas bons" etc. Assim, até o que, à primeira vista, pareceria uma defesa da ortodoxia da fé, poderia esconder, mesmo ao agente, a preocupação de proteger a identidade do próprio eu. Sobretudo quando essas "defesas" são particularmente acesas, não de todo motivadas por um perigo real, acabando por condenar o "inimigo". A verdade deve antes "ser feita" dentro de si, e depois ser anunciada.

3. Construir juntos a Igreja

Todo grupo eclesial enfatiza um aspecto particular e uma dimensão específica do ser pessoa de fé. Exatamente por isso desempenha uma função específica e providencial, tanto para os próprios membros quanto para toda a Igreja. Oferece ao indivíduo a possibilidade de especificar e definir ainda mais sua identidade, segundo o conteúdo e as características que mais correspondam à sua personalidade. Lembra à Igreja a variedade de seus dons, em particular lhe repropõe aquele aspecto específico que ele sublinha, para que *toda* a Igreja o viva e o faça seu.

Mas, para fazer isso, cada grupo deve permanecer fiel à sua identidade: é parte da Igreja, afirmou uma verdade, não toda a verdade. Não tem, pois, nenhuma propriedade privada, nem sobre os dons nele prodigalizados pelo Espírito, nem sobre os membros que fazem parte dele, nem sobre a verdade que ele proclama. Contudo, tem o sagrado dever de fazer convergir tudo isso (dons, membros, verdade) para o mesmo ponto de referência, que é a comunhão dos fiéis na única fé.

É exatamente sobre esse ponto que o grupo manifesta sua autenticidade eclesial: quando pede aos "seus" membros que se ponham em diálogo uns com os outros, à procura de sua verdade, que deve ser promovida e valorizada, para construírem, juntos, a comunhão. É mediante essa capacidade construtiva que o movimento se torna fator de crescimento: não simplesmente quando reafirma, com mais ou menos força, *seu* ponto de vista, *sua* teologia, mas quando sabe introduzir, no confronto eclesial, um dinamismo de reconciliação, feito de acolhida e escuta, de necessidade do outro e descoberta do seu positivo, de consciência da própria limitação e disponibilidade para corrigir as próprias opiniões, de capacidade de ir ao essencial e liberdade nas atividades secundárias, de gosto de permanecer na discrição e alegria de caminhar juntos, enfim, de clareza em perseguir um fim que nos supera a todos e é maior que nossas teologias e verdades sempre parciais. Quando um grupo não faz isso, engana seus membros e prejudica a Igreja. E não basta nem mesmo "olhar o que nos une" (deixando que algo, que não se quer esclarecer, continue a dividir-nos). Seria reduzir as várias teologias a um suposto denominador comum, que pareceria um conjunto de valores inexoravelmente baixo, critério mínimo, apenas para não continuar a discutir...

Ao contrário, um autêntico estilo reconciliador implica a valorização plena de todo o bem e a verdade que a outra pessoa afirma, para que não se perca nem o menor fragmento. Isso é obra paciente de discernimento e de síntese. A reconciliação dentro da Igreja, então, não consiste apenas em ocultar o passado, mas um modo novo de caminhar juntos para o futuro, de juntos buscar a verdade e construir a comunidade dos fiéis. Se não soubermos viver essa reconciliação entre nós, que espécie de reconciliação anunciaremos ao mundo?

Capítulo Oitavo

O perdão na sociedade

Ampliemos nossa perspectiva para além da comunidade religiosa e eclesial e nos perguntemos: qual é o papel do perdão na comunidade dos seres humanos? O que acontece numa sociedade, quando nela se encontram pessoas misericordiosas que sabem perdoar? Pode chamar-se civil a sociedade que administra uma justiça, que não perdoa, ou não acredita no significado social do perdão? E, particularmente, que sentido há em se falar de reconciliação numa convivência humana perturbada pela violência, pelo terrorismo e pela opressão dos mais fracos? Nesses casos, existe lugar para o perdão?

É um assunto difícil, mas é uma provocação que não podemos deixar de aceitar se realmente cremos que o perdão é uma força que pode mudar a história. E é um problema que diz respeito a todos nós, como pessoas, como crentes e como consagrados, contanto que tenhamos superado a visão egoísta-subjetiva da realidade e sejamos capazes de sentir-nos responsáveis pela nossa sociedade.

Todavia, nós enfrentaremos esse problema numa ótica especificamente cristã. Se perdão quer dizer calar-se, omitir-se, não intervir, isentar-se, então é claro que o violento que mata ou o prepotente que ofende a dignidade do pobre não pode deixar de levar vantagem sobre a "misericórdia" de que se utiliza para com esse último. Mas é essa a verdadeira misericórdia? É claro que não! Dissemos que o perdão é amor que supera a justiça. Vai "além" dela, não no sentido que a exclui, e sim porque a supõe, favorece-a e a promove. Seria absurda a misericórdia que implicitamente legitimasse a prepotência e a opressão. É nesse sentido que se pode falar da eficácia de redenção e transformação social do perdão e, portanto, também de uma função indispensável do perdão na construção da paz. Vejamos isso concretamente.

1. O mal social: uma cadeia descontrolada

Para responder à nossa interrogação, devemos procurar esclarecer uma questão fundamental referente à identidade do mal social. Não pretendemos enfrentar, aqui, o problema filosófico da natureza do mal, só queremos observar e sublinhar um aspecto dele, isto é, sua dinâmica. E, em particular, aquela dinâmica que está ligada às relações interpessoais. Em outras palavras, perguntamo-nos não tanto o que é o mal em si, mas sobretudo como se difunde, ou quando pode ser definido como mal social.

É uma observação que nos fazemos todos os dias: o mal, em nossa experiência pessoal de relações sociais, como nas relações entre grupos e coletividades nacionais e internacionais, espalha-se mediante uma dinâmica fundamentalmente *reativa*, isto é, mediante uma *reação igual e contrária a uma provocação*. Poderíamos até mesmo dizer que o mal social começa a ser tal somente quando resulta em um certo processo reativo. Isoladamente, de fato, um ato de violência não é ainda um mal social, enquanto permanece isolado e unilateral; começa, porém, a sê-lo, quando suscita reação igualmente violenta, quando dá lugar à desconfiança e à contenda. Então, é como se o mal se tornasse uma espécie de instituição social, componente normal das relações interpessoais, como que um meio de comunicação entre as partes inimigas. De fato, o mal tende, por sua natureza, a gerar outro mal. Mas isso poderia ser impedido. Para que prejudique efetivamente a vida em comum, é preciso que se torne seqüência que se perpetua e se repete, projetando-se em formas sempre mais perversas: como um bate-boca contínuo, uma cadeia enlouquecida de agressões, em que cada um justifica seus atos violentos em nome da legítima defesa. O mal social é precisamente essa *cadeia enlouquecida*. Às vezes, tão enlouquecida a ponto de gerar uma espiral, sem fim, de ódio e de violência na qual cada um se torna oprimido e opressor (P. Freire).

Se esse é o mal social, o bem é precisamente o seu oposto: *deter esse processo de violência recíproca, ou seja, não reagir ao mal com outro mal*, não cair na armadilha do desafio e da pressão de fazer o mesmo. Assim, interrompe-se o dinamismo típico pelo qual o mal se difunde: a interrupção do processo de simples ação-reação não só detém o proliferar da violência, como impede que o mal seja tal; não só frustra sua carga destrutiva, como a converte e a transforma.

Exatamente este deveria ser o papel do perdão em uma sociedade de opressores e violentos: opor à maldade dos outros uma resposta que não é gerada por esta, que não repete sua lógica agressiva e perversa, mas que é de outro tipo: algo de "assimétrico" e não conseqüencial com respeito a esta. É bloquear um processo para fazer emergir dele outro. Qual?

2. Perdão e profecia

Já dissemos que o mal social consiste, fundamentalmente, na reciprocidade do ódio e da violência. Contudo, pode haver verdadeiro e próprio mal social mesmo quando uma situação de opressão e de injustiça manifesta não provoca nenhuma reação aparente, medo ou intimidação. Neste caso, apesar de, por exemplo, dominar o desafio e a reação violenta, estes permanecem sufocados no coração do oprimido, à espera da explosão, de forma mais ou menos incontrolada e destrutiva, assim que a situação o permitir. A própria história demonstra que as reações mais violentas têm sido exatamente aquelas mais sedimentadas no tempo, precedidas de longos períodos de rendição medrosa ou resignação passiva diante do opressor.

Uma atitude reconciliadora, que se inspira na lógica do perdão e da reconciliação divina, não se relaciona, em situações como essa, com esse tipo de rendição e resignação. É algo substancialmente diferente, quer com respeito à resposta reativa, violenta e incontrolada, quer com respeito ao medo e ao silêncio. De fato, o perdão vem de Deus. O indivíduo misericordioso, que participa desse dom, experienciando-o com suas atitudes, suas palavras e seus gestos, é *profeta* e tem as mesmas características dele:

a) *Pertence a Deus*. Conseqüentemente, vê e julga a realidade *com a força e a clareza de uma palavra que vem dele*; com a liberdade e o anseio de verdade de quem está possuído pelo Espírito; com a coragem e a paixão de quem aprendeu a reconhecer a presença privilegiada de Deus no pobre e no indefeso. Exatamente por isso, tem como um sexto sentido que lhe permite reconhecer, também, opressão e injustiças, diante das quais não pode calar nem permanecer indiferente. É como se o amor de Deus pelo pobre e pelo oprimido se tivesse derramado em seu coração. Não procura nada para si. Por isso, sente-se livre e, ao mesmo tempo, obrigado a intervir para o bem de quem sofre. Mostra-se coerente até o fim.

b) É uma pessoa *reconciliada com o sangue da cruz do Filho de Deus*. Portanto, serva e ministra de reconciliação. Sua denúncia profética, corajosa e apaixonada visa sempre a esse objetivo final: ser um em Cristo. Não é um sectário nem simplesmente um agitador social; não anuncia a si mesmo nem faz o papel de demagogo. Por isso, sua ação caracteriza-se por um estilo preciso, o de uma pessoa que sabe unir a força de ânimo a uma mansidão característica; tem a coragem de dizer a verdade, mas procura obstinadamente um diálogo, e jamais se deixa levar apenas pelo ímpeto da acusação. Assume profundamente os problemas de seu povo, mas sem jamais deixar de esperar e de ensinar a esperar; é preciso e pontual na denúncia, mas também obstinado em crer na possibilidade de uma regeneração e conversão.

É emblemática, a esse respeito, a figura de um desses profetas: dom Romero, o bispo de El Salvador, assassinado na igreja, enquanto, em nome de Deus, pedia justiça para seu povo. Suas homilias — verdadeiro e próprio testamento espiritual — são um exemplo dessa atitude profética e reconciliadora. Particularmente no último período de sua vida, seus longos sermões dominicais (duravam mais de uma hora) eram uma denúncia cerrada dos desmandos do poder, com nomes, datas, lugares e todas aquelas referências precisas que conferiam autenticidade e concretude à sua palavra; mas, ao mesmo tempo, ele era também o profeta da palavra, o pastor que, aos domingos, ministrava a seu povo a Palavra do pai, Palavra que regularmente, em seu coração e em sua boca, tornava-se sempre um convite à conversão e ao perdão.

É comovedor reler sua penúltima homilia (do dia 16 de março de 1980), que ele mesmo intitulou assim: "A reconciliação dos seres humanos em Cristo, projeto de verdadeira libertação". Nela, ele diz claramente: "A Igreja é missionária da reconciliação, que tem o dever de dizer a todos, não obstante os credos que os separam: amai-vos, reconciliai-vos com Deus!"

Em sua última homilia do dia 24 de março, ele convida o povo a cultivar "um espírito de doação e de sacrifício", e lembra que todos os fiéis são chamados a agir, numa situação tão conflitiva, "mostrando, pelo menos, espírito de compreensão". E mesmo quando se vê no dever de se opôr aos militares, contesta os atos sangüinários, não deixa de acreditar no ser humano e de esperá-lo, apelando exatamente à consciência dos militares, aos sentimentos naturais de fraternidade e ao natural impulso do ser humano para o bem: "Irmãos (do Exército), vós fazeis parte de nosso povo e estais matando vossos irmãos camponeses... É tempo de criardes coragem e agir segundo a vossa consciência. Obedecei, em primeiro lugar, à vossa consciência e não à ordem do pecado".

Era 23 de março. No dia seguinte, ele foi assassinado, como, aliás, o foram outros profetas da não-violência: Gandhi e Martin L. King. "Não haverá solução permanente para o problema racial — afirmou o líder negro, pouco tempo antes de ser assassinado —, enquanto os opressores não amarem seus inimigos. As trevas da injustiça racial serão dissipadas somente pela luz do amor capaz de perdão."

Quem anuncia a reconciliação paga, muitas vezes, com a vida a sua profecia. Por quê?

3. Perdão e martírio

Porque o martírio é a expressão mais sublime e também mais natural e conseqüencial de uma atitude misericordiosa e reconciliadora. Quem perdoa, como já vimos, denuncia o mal, toma posição, ataca também duramente, se necessário, mas nunca responde ao mal com outro mal; escolhe explicitamente a não-violência, expondo-se, portanto, inevitavelmente à violência dos outros. É um indivíduo dócil, ou seja, indefeso.

Mas é importante notar, sobretudo, que quem se opõe ao mal, sem vingá-lo, tem consciência do risco que corre e do destino que o espera. Dom Romero sabia, perfeitamente, que sua vida corria perigo, pois estava sendo continuamente ameaçado. Todavia, continuou a combater indefeso e a pregar a reconciliação na verdade.

Padre Josimo, outra vítima da violência dos poderosos da América do Sul, já tinha sofrido um atentado, a ponto de aos 33 anos de idade resolver fazer seu testamento. Entre outras proposições, assim escreveu: "Não tenho medo. É hora de seguir em frente com coragem. Morro por uma causa justa".

A esposa de W. Tobagi, o jornalista assassinado, em 1980, pelas brigadas vermelhas, afirma a respeito da morte de seu marido: "Aqueles jovens pensavam que tinham matado o homem, mas, na realidade, ele mesmo se entregou nas mãos deles, dando-lhes, gratuitamente, sua vida... Walter já tinha decidido, em seu coração, estar sempre pronto a dar sua vida por aquilo em que acreditava".

Em suma: a morte para esses homens não aconteceu de improviso nem inesperadamente, como um acontecimento sinistro e maldito, temido e recusado, mas *como conseqüência natural e inevitável de uma vida vivida para os outros, para o verdadeiro bem do povo pobre e oprimido, como também para a reconciliação entre os inimigos*. O próprio padre Josimo assim se exprimiu: "Quero que vocês compreendam bem isto: tudo o que está acontecendo é conseqüência lógica de meu trabalho, da luta e defesa dos pobres, em nome do Evangelho".

A morte desses mártires é o sinal extremo, autentificador, de que suas lutas foram em prol de uma causa íntegra e de maneira justa: não simplesmente uma ação social, não só uma pura questão de reivindicação, muito menos vinganças e desforras, e sim busca de uma vida mais humana e, portanto, daqueles valores e daquelas condições que tornam a existência digna de ser vivida, na justiça e no respeito recíproco, na reconciliação e na vontade de caminhar juntos.

Mas existe outro motivo que explica esse martírio: o convite à reconciliação e a disponibilidade para amar e perdoar, apesar de tudo, representam, por si mesmos, algo extremamente provocador; constituem uma mensagem inquietante, que perturba o prepotente e desestabiliza-lhe os planos. Este vê como inimigo quem prega a bondade e a compreensão, porque, de fato, *não existe para o mal, para qualquer mal, inimigo mais determinado e radical do que alguém capaz de amar e de se abnegar em benefício de outros* (G. Barbiellini Amidei). Não é de estranhar, pois, que o indivíduo violento chegue ao ponto de querer calar para sempre essa voz. Engana-se, porém, e não o conseguirá nunca. Um mês antes de seu martírio, dom Romero disse: "Esta semana recebi um aviso de que estou na lista daqueles que serão mortos na próxima semana. Mas fique bem claro: a voz da justiça não poderá nunca ser sufocada por ninguém!"

De fato, essa voz "sobreviverá" à sua morte, continuará a fazer-se sentir ainda mais eficazmente. E mais: graças ao seu martírio, fará nascer em quem a escuta não só o desejo ardente da justiça, mas também o da reconciliação plena.

Realmente, o sangue desses mártires, mais ou menos conhecidos, é semente de um mundo novo.

4. A força do perdão

"O justo morre perdoando e, assim, rompe a espiral do ódio e da violência, que responde à morte com a morte. Encontra-se, aqui, o sentido profundo do perdão cristão. Diante da violência e do ódio, que são gestos de morte, o perdão é gesto, antes, sacramento, ou seja, instrumento eficaz de vida."

Foi o que publicou a revista *Civiltà Cattolica,* um dia após a morte de V. Bachelet, vítima do terrorismo italiano das décadas de 1970 e 1980.

Normalmente, esses profetas e mártires, mortos por traição, não puderam perdoar expressamente seus assassinos. Mas não há necessidade disso: a vida deles era uma prova disso, sua morte é, já em si mesma, um gesto de perdão. É exatamente aquela resposta ao mal de que falávamos anteriormente: resposta não conseqüencial e assimétrica a respeito dele e, portanto, resposta que não repete a lógica nem perpetua o dinamismo do mal. Antes, detém esse processo, desmascarando, ao mesmo tempo, com força, a íntima fragilidade de um sistema que não tem outros meios para manter-se e impor-se além da violência, e que não percebe que todas as vezes que recorre à agressão, na realidade agride a si mesmo, responde a seu mal. E, buscando-o para si mesmo, decreta seu fim que não tardará a chegar.

O martírio desses profetas da reconciliação rompe a corrente enlouquecida do mal social, provocando um *dinamismo novo, o dinamismo da esperança cristã que redescobre e faz redescobrir o outro, mesmo o assassino, como irmão. Esse dinamismo ainda impulsiona a se perdoar e a crer que esse irmão pode ser diferente, pode converter-se e arrepender-se, e que sempre vale a pena fazer tudo para caminharmos juntos, rumo a um futuro que a esperança se obstina em julgar melhor.* Assim, forma-se uma corrente diferente: de gestos de solidariedade e reconciliação, de vontade de seguir em frente, como também de sinais concretos desse novo mundo.

No funeral do padre Josimo, sua mãe encontra a força de perdoar, publicamente, àquele ou àqueles que, de modo tão violento, roubaram-lhe o filho único que ela amava.

Naquele mesmo dia, um sacerdote se oferece, espontaneamente, para tomar conta dessa mulher, viúva e sozinha.

Giovanni Bachelet fez a seguinte oração, no funeral do pai, também vítima do terrorismo: "Queremos orar, também, por aqueles que mataram meu pai, para que, sem nada tirar da justiça, que deve triunfar, em nossa boca haja sempre o perdão e nunca a vingança, sempre a vida e nunca o pedido de morte dos outros".

Sabemos que essas palavras, transmitidas diretamente pela televisão, abalaram milhões de consciências, reacendendo uma esperança que, naqueles tempos, parecia destruída.

O jornal *La Repubblica* comentou naquela circunstância: "Quando um filho chega a pedir perdão para os assassinos de seu pai, não é lícito esperar?"

Isso também se poderia dizer de muitas outras pessoas e de muitos outros gestos, como o já citado de Paulo VI com os membros das brigadas vermelhas. Gestos e pessoas mais ou menos conhecidos, às vezes simplesmente escondidos no segredo do coração ou na intimidade de uma família, simples e humildes como aquele grãozinho de mostarda com o qual Jesus compara o Reino. A semente cresce e faz crescer um mundo novo, um mundo onde a violência cede, progressivamente, o lugar ao amor, e a prepotência, ao respeito; um mundo onde é possível arrepender-se e onde (atitude ainda mais rara e difícil) existe quem crê naquele que se arrepende.

É o que nos mostra, com particular evidência, o caso de Antonio Savasta, ex-brigadista, e de Pino Taliercio, diretor da Petroquímica de Marghera, seqüestrado e morto, em 1981, por um comando do qual fazia parte o próprio Savasta. Segundo o testemunho da mulher, Gabriella, Pino era um homem que "vivia a linguagem do perdão, da não-violência, da necessidade que todos temos de estar dispostos a pagar pelos outros". Durante os dias terríveis do seqüestro, essa mulher confessou que sempre esperou a compreensão dos seqüestradores, aos quais não hesita em chamar de "nossos irmãos". Sua esperança frustrou-se. No entanto, nem assim sua fé no ser humano arrefeceu.

No dia do funeral do marido, essa corajosa viúva fez chegar, implicitamente, o seu perdão ao assassino de seu esposo, mediante a oração de um de seus cinco filhos: "Senhor, neste dia tão difícil para mim e para a minha família, agora que não temos mais meu pai, eu te agradeço porque, mesmo que o tenhas levado contigo tão cedo, deste-nos um pai formidável. Ele nos ensinou a amar o próximo, o estudo, o trabalho, tudo... Quero também amar essa morte de meu pai, que chamaste para o teu Reino".

Uma morte para se amar! Expressão misteriosa e até aparentemente absurda, que ao mesmo tempo revela não só a certeza da presença e do afeto (que continuarão no tempo, uma vez que nada terminou nem se perdeu), mas também a coragem de conferir um sentido positivo a esse terrível acontecimento e de restituir esperança a esses homens obcecados por um ódio irracional; enfim, de acreditar, apesar de tudo, na humanidade deles.

Aqui, não se trata simplesmente do perdão que não imputa a culpa ou que reduz a pena, mas do perdão "sacramento", gesto eficaz que atinge inevitavelmente seu objetivo, instrumento de vida que sempre faz surgir vida nova.

Naturalmente, houve alguém que não entendeu ou não quis acreditar em tudo isso. A senhora Gabriella, mulher simples e forte, continuou serena em sua lógica de vida e de esperança, contra a lógica de morte dos assassinos, mas também contra a violência sutil de quem não crê naquele que se arrepende. Por isso é que, há um ano, ela chegou a afirmar: "Talvez um dia daqui a dez anos, se estiver ainda entre os vivos, o assassino de meu marido venha pedir-me perdão".

Não foram necessários dez anos, e sim muito menos. Com efeito, Savasta escreveu-lhe o que segue: "Nos dias do seqüestro, seu marido era como a senhora descrevia: pacato, cheio de fé, incapaz de odiar-nos, e de uma dignidade altíssima. Senhora, eu sei muito bem que isto não lhe restituirá o marido. Saiba, contudo, que dentro de mim venceu a palavra que seu marido levava consigo. Venceu-a contra mim, que só hoje consigo compreender alguma coisa, venceu-a contra todos aqueles que ainda hoje não compreendem... Mesmo naqueles momentos, seu marido demonstrou amor. Foi uma semente tão poderosa que nem mesmo eu, que lutava contra ele, consegui extingui-la de dentro de mim. É uma flor que desejo cultivar, para poder ser eu a dá-la. Se não fosse a senhora, eu estaria ainda perdido no deserto. Acredite-me, estou em débito com a senhora por isso e por outras coisas. No entanto, espero apenas preencher esse vazio, ensinando a outros o que a senhora me deu e me ensinou".

Realmente, o perdão é a força que pode mudar o ser humano e a história.

Terceira parte

TRANSFORMAÇÃO-TRANSFIGURAÇÃO

Estamos na terceira e última etapa de nosso caminho de integração do mal. Até agora consideramos a possibilidade de conhecer-aceitar nossa própria limitação e, depois, de experimentar o perdão como reconciliação conosco, com o nosso mal e com o nosso bem, com Deus e com a sua verdadeira imagem, com os outros e com a história. Já é muito conseguir estar reconciliado e ser reconciliador! Mas pode-se ir além: entrar em uma nova dimensão de vida em que o mal sofre algo similar a uma transformação-transfiguração. É a fase da integração plena.

Não é fácil definir essa fase. Trata-se de uma experiência espiritual bastante complexa, além de ser difícil de ser vivida. Veremos apenas alguns de seus aspectos, cientes de que nos movimentamos em um campo em que se adentra por uma precisa opção de fé. Nosso tema, originário de premissas puramente psicológicas, voltou-se progressivamente para uma perspectiva religiosa. E é inevitável. Há limites intransponíveis à abordagem da ciência humana, ou do ser humano enquanto tal, e ao problema do mal. O ser humano, com seus meios, pode reconhecer seus erros, sua fraqueza e sua precariedade, e pode também chegar a aceitar tudo isso. Se tem a sorte de ser compreendido e perdoado, pode, talvez, reconciliar-se consigo e com a sua vida, encontrando também, por sua vez, força para compreender e perdoar, bem como ser reconciliador, positivo, que conseguiu descobrir uma certa alegria de viver e a comunica.

Para ele, porém, o mal continua sendo tal. Pode perder um pouco de sua carga destrutiva, contudo não sua realidade negativa. Não será mais uma obsessão maldita, mas continuará a manchar sua imagem (a menos que negue a existência do mal, ou que existe só a limitação fisiológica ou psicológica, não a limitação moral. No entanto, o problema permanece na raiz).

Algo impossível e absurdo para o ser humano é chegar, sozinho, a "vangloriar-se" de suas fraquezas, carregar o fardo dos outros, não se opor ao perverso, apresentar a outra face a quem lhe bate, ou ser dócil com o violento... Impossível, sobretudo, compreender que o mal pode tornar-se bem, ocasião providencial, *felix culpa*...

É dom da fé. E é um grande dom, precioso sobretudo hoje, muito mais que antes. A cultura contemporânea desafia-nos, constantemente, a verificar a qualidade humana de nossa fé e a maneira como ela nos permite assumir e valorizar nossas limitações. Por esse motivo, "reconhecer a presença de Deus na limitação, isto é, na pobreza radical da pessoa, é uma mística para a nossa época" (G. Toscano). Para sermos sinceros, não se diz que todo cristão crê nessa possibilidade de transformação do mal e do seu mal; também para ele isso parece ser absurdo, uma vez que acredita ser incapaz de tanto. Afinal de contas, nem todos podem ser místicos...

Um padre jesuíta, compositor e cantor, que descobriu Deus em sua pobreza radical, diz que "a mística é a possibilidade de ver a face oculta da lua. A face oculta da realidade das coisas". Muitas vezes, o mal é apenas a face mais evidente do real. Saber transformá-lo é aprender a perceber a face oculta, ou a crer nela, mesmo quando não a vemos.

Capítulo Primeiro

"Gloriar-me-ei de minhas fraquezas"

Comecemos, então, a ver a outra face do mal. Para uma atividade como essa, é bom recorrer a um místico que, ao mesmo tempo, seja um conhecedor da alma humana, de seus impulsos e de suas quedas. Uma personagem como Saulo de Tarso, homem que viveu profundamente, às vezes de forma muito sofrida, a constatação do próprio mal, e que, no entanto — ao menos nisto —, se parece muito conosco. Analisaremos mais, em particular, a passagem de 2Cor 12,7ss.

Nessa carta, que constitui, de certa forma, as suas confissões, Paulo se dirige a alguns indivíduos que tinham posto em dúvida sua autoridade e vocação de apóstolo. Sua defesa é *sui generis*: não só faz referência aos títulos e aos méritos que legitimam seu ensinamento, mas tem a coragem de mostrar os próprios insucessos e, até mesmo, de gloriar-se das próprias fraquezas. É nestas que se manifesta o poder de Deus. Em particular, ele fala de

1. "Um aguilhão na carne..."

Não sabemos ao que Paulo se refere nessa passagem; decerto a uma provação dolorosa que torna ainda mais dramática sua atividade de apóstolo. Talvez se trate de uma doença crônica. Mas isso não é tão importante: conhecer, com exatidão, a natureza desse aguilhão na carne. De fato, na vida, como vimos na introdução, existem três tipos diferentes de fraquezas ou de limitações: limitação fisiológica, limitação psicológica e limitação moral.

Na prática, as fronteiras entre uma limitação e outra nem sempre são tão nítidas. Sobretudo porque um mesmo indivíduo normalmente reage de modo idêntico aos diferentes tipos de fraqueza presentes em sua vida: a modalidade, por exemplo, com que aceita e consegue integrar a doença (limitação fisiológica) será quase semelhante ao modo como reconhece e enfrenta sua inconsistência psicológica e moral. Se rejeita uma, provavelmente rejeita também a outra. É como um denominador comum — constituído pelo índice pessoal de integração do mal — que liga entre si as reações aos vários tipos de negativo que se encontram no indivíduo. Em vista disso, não é indispensável saber, precisamente, a que Paulo se refere na passagem citada, mas conhecer a modalidade existencial com que a "faz sua" e preenche de significado sua própria limitação.

2. "... A fim de que eu não me encha de soberba..."

É uma anotação importante, pois Paulo a repete, duas vezes, no mesmo versículo. Tinha tido grandes revelações, teria podido ensoberbecer-se por causa delas, atribuindo-se o mérito destas, e gloriando-se diante dos outros. Eis, então, o "aguilhão na carne".

Evidentemente, era uma limitação que o redimensionava, aos seus olhos e aos olhos dos outros. Uma limitação talvez humilhante, se serviu de contrapeso à grandeza das revelações. É, também, árdua de suportar, pois Paulo fala de "um anjo de Satanás" enviado para o espancar. Aqui, portanto, o apóstolo faz uma explícita *atribuição de significado*: reconhece, para o seu negativo — de qualquer tipo que seja —, uma função, e uma função positiva, a de impedi-lo de considerar-se autor da própria santidade, ou de acreditar-se apóstolo que anuncia a si mesmo e confia demasiado em si, ou que se gloria daquilo que recebeu como se fosse mérito seu. Nessa altura, o processo de integração já está em ação. O mal, carregado de sentido, está em via de transformação.

3. "... Pedi ao Senhor que o afastasse de mim"

É natural. Reaparece o clássico e ancestral temor humano diante do mal, e a súplica brota espontânea e insistente. Vem-nos, imediatamente, a vontade de fazer o paralelo com outra súplica dramática e reiterada, a do Getsêmani. É nossa oração de todo o dia: "Livrai-nos do mal". Oração que exprime uma pluralidade de sentimentos, nem sempre de simples abandono e de esperança, mas até de temor do sofrimento e da morte, de preocupação exagerada consigo mesmo, ou de pretensão de ser perfeito e, às vezes, até de irritação por não o ser o bastante.

Entretanto, é importante viver plenamente essa fase: sentir a impotência e o medo diante da dor — física, psicológica ou moral — e confessar tudo, com sinceridade, a Deus. É um tempo de purificação, não tanto e não só do nosso mal, quanto da presunção de ser forte e não fazer concessões. Portanto, é também tempo de sofrimento, de não-compreensão, de morte do eu narcisista com seus ídolos e suas ilusões.

Quem tem a coragem de passar por essa noite interior, aprende a buscar o essencial no lado espiritual e a procurar somente Deus, pedindo-lhe não apenas que o liberte do mal, mas, sobretudo, do medo de reconhecer-se fraco e pecador. Nasce, então, uma criatura nova, que aprende a conviver com o seu mal, transformando-o e deixando-se transformar por ele.

4. "Basta-te a minha graça"

Deus não atende ao pedido de Paulo: o aguilhão continua fincado na sua carne. O anjo de Satanás continua a espancá-lo. Se o tivesse libertado de tudo isso, na verdade o teria tornado um anunciador do Evangelho ainda mais intrépido! Nada disso. Deixa-lhe o mal. Será um apóstolo que prega a Boa-Nova com todo o fardo de sua humanidade, mistério de fraqueza e de graça. Sem pedir atenuante algum nem uma graça suplementar.

A vida do homem já está repleta da graça divina. Estamos sempre pedindo; não nos basta o que Deus nos deu; temos sempre necessidade de um favor especial. E não porque somos os eternos descontentes ou os costumeiros insaciáveis, mas porque somos distraídos e míopes: não sabemos ver a ação do Espírito que sempre age em nós, ou restringimos o âmbito de sua intervenção só a alguns momentos, aqueles em que tivemos a sensação de ter agido e de ter sido fiéis, como se fosse uma condecoração... O Espírito, ao contrário, que sopra onde quer e não sabemos de onde vem e para onde vai, abraça toda a nossa história. É o dom de sempre, imerecido, embora constante, que nos é dado suficientemente segundo a medida que Deus estabeleceu para cada um. Ser santo é viver em plenitude essa medida, sem tentar a Deus para obter outra medida. É aprender a descobrir e a redescobrir aquela presença, mesmo onde — segundo a nossa lógica que se crê sábia e é apenas pagã — não deveria, de modo algum, existir...

5. "A força na fraqueza"

Deus, pois, não atende ao pedido de Paulo. No entanto, faz muito mais: revela-lhe algo absolutamente inimaginável! *A fraqueza do ser humano é o lugar em que se exprime plenamente o poder de Deus!* Paulo não teria nunca podido imaginar nem ousar pedir algo semelhante. Deus, porém, como de costume, perscruta o desejo do ser humano, concedendo-lhe muito mais do que pede.

Gostaríamos de ser indivíduos fortes, apóstolos capazes, ascetas virtuosos. E acreditamos que o bom Deus também está de acordo com esses nossos "santos" propósitos e que deve permitir-nos realizá-los, com sua onipotência e, naturalmente, para sua glória. Volta, desta forma, à tona, uma certa concepção de Deus, em que projetamos nossos sonhos frustrados de onipotência e de domínio, e que deveria satisfazer as nossas pequenas vontades adormecidas, de sucesso e de glória. Aquele deus de nossa fantasia, sempre triunfante e glorioso, tão abertamente diferente do Deus misteriosamente fraco da cruz!

Por outro lado, ressurge a imagem de nós mesmos (como um reflexo da percepção distorcida do divino) como pessoas que devem forçosamente vencer, servos "úteis" para o Reino. Na realidade, mais patrões que servos, mais preocupados com a própria glória, poder e santidade que com a glória de Deus, portanto incapazes de proclamar sua salvação. O poder de Deus, de fato, passa pela vulnerabilidade do ser humano: salvou-nos mediante a fraqueza do Filho, que, a partir disso, continua a salvar, por meio da fraqueza de quem (não por ser humilde, mas simplesmente por ser honesto) reconhece plenamente sua fragilidade e impotência; quem experimentou um perdão que o criou e continuamente o recria; quem sabe que não será nunca perfeito, mas nem mesmo deseja sê-lo, se isto é o mesmo que não saber ser objeto da misericórdia do Pai.

Quando alguém descobre e aceita sua falibilidade, pode tornar-se, então, instrumento do poder de Deus. O apóstolo, em particular, é alguém que viveu profundamente essa experiência e sofre, como ninguém, por sentir-se fraco e inadequado, mas se alegra, porque se redescobre, diariamente, como pecador no qual age a graça: quanto maior é a consciência de ser pecador, tanto maior e mais eficaz é nele a ação divina. E está sempre tão convencido da sua fraqueza que não sonha, de modo algum, em atribuir-se o mérito do bem que faz. Aceitou ser fraco e pobre, e se vê rico do poder de Deus... Aquele Deus que pode tudo, exceto isto: manifestar sua onipotência em quem se julga justo.

6. "Eu me comprazo nas minhas fraquezas"

Paulo era muito orgulhoso de si e de seus "títulos": fariseu, observante da lei, apóstolo não menos que os outros etc. A seguir, a transformação e a integração plena da sua limitação, a ponto de gloriar-se exatamente disso! É o *magnificat* de Paulo. Não canta sua glória, nem se vangloria de seus méritos, mas agradece a quem se compraz em agir por meio de sua fraqueza. Parece que Paulo ama esse seu "ser fraco". Certamente não procura escondê-lo nem age de modo inescrupuloso, como fazem, grosseiramente, certos apóstolos, para apresentarem mais de que realmente são; vive sua pobreza — seja ela física, psicológica ou moral — como abandono, esperança, redimensionamento de si e, sobretudo, como gratidão, porque exatamente em sua fraqueza descobre a presença e o poder de Deus, aquele que pode realizar grandes obras, até transformar o mal em bem, nossa fraqueza em manifestação de seu poder!

Capítulo Segundo

Carregar o fardo uns dos outros

Se já é um problema para o ser humano carregar seu próprio fardo, imagine quanto o seja carregar o dos outros! Como já vimos, o que acontece é exatamente o contrário: descarrega no outro seu próprio fardo, mediante uma projeção que lhe dá a sensação de estar livre do mal, simplesmente porque o ataca e o condena no outro. Assim acontece, pelo menos até quando o ser humano permanece escravo do medo de reconhecer-se pecador e, sem esperança de reconciliação, procura iludir-se acreditando-se um indivíduo justo.

Todavia, quando começa a libertar-se desse temor (na realidade, pagão), não tem mais necessidade de recorrer a esse estratagema defensivo. Não despende as suas energias para tentar, inutilmente, afastar de si algo que faz parte de sua vida e que deve aprender a integrar, a preencher de sentido, a transformar. Então, já não teme nem mesmo o mal do outro, antes está disponível a carregá-lo nos próprios ombros com simplicidade e discrição, sem se sentir herói nem vítima. Seria o ponto de chegada de um autêntico caminho de reconciliação. Às vezes não basta só perdoar ou fazer as pazes.

Como pode alguém chegar a isso? É só uma questão de boa vontade? Por acaso é justo que um pague por todos?

1. "Carregou os nossos pecados em seu próprio corpo"

Não, aqui não está em jogo apenas a boa vontade, não se trata de fazer esforços. Pelo contrário, é até perigoso, nesses casos, impor sobre nós mesmos o fardo alheio, porque correríamos o risco de nos sentir justos, mais intrépidos que os outros, os pecadores, cujo fardo carregamos. E também porque não é bom que alguém continue a se esforçar durante toda a vida: cedo ou tarde, esgota-se. Nem se trata de algo excepcional ou particularmente complexo, acessível somente a alguns escolhidos. Trata-se, pelo contrário, de viver, em plenitude e coerência, a própria realidade de crentes e salvos, como dom que responsabiliza e transforma.

Podemos, também aqui, partir da Palavra de Deus. E, em particular, de Is 53,5-11, o quarto canto do Servo de Iahweh, no qual a tradição cristã sempre viu o mesmo destino histórico de Jesus. Essa personagem "não cometeu nenhum pecado... mas carregou os nossos pecados em seu próprio corpo; e, por suas feridas, fomos curados" (cf. 1Pd 2,21-25 e Fl 2,6-11). É evidente uma tríplice e progressiva acentuação de significado: 1) carrega um pecado que não é seu; 2) deixa-se ferir e carrega as conseqüências do pecado; 3) seu sofrimento é causa de salvação.

Os trechos anteriores contam a história de um mal transfigurado pelo gesto de uma pessoa que o assumiu livremente.

É uma história que nos diz respeito, evidentemente; fomos salvos por *aquele* gesto transfigurador, não por outros. O que isso implica concretamente?

2. "Dá-me a alegria de ser salvo"

1) Ser salvo não quer dizer simplesmente que Cristo, ao morrer na cruz, reabriu-nos as portas do Reino; significa que ele nos deu um novo ser, o seu. E não em termos genéricos de graça e vida divina, mas particularmente *nos comunicou aquele seu ser que salva, carregando nos ombros o fardo do outro*. Portanto, salvando-nos, compartilhou conosco sua vontade de salvação e sua mesma disponibilidade.

Aprofundemos esse importante conceito. Não é indiferente que Cristo nos tenha remido, assumindo, cordeiro inocente, nossas dores e morrendo na cruz. Se nos salvou, também nos transmitiu um modo correspondente de viver a salvação e de ser salvo, não só como exemplo a imitar, mas como energia divina que nos assemelha a ele. Essa energia é algo que penetra, profundamente, em nosso íntimo, muda nossa identidade, dá-nos uma disponibilidade nova e nos torna nele criaturas novas. *O dinamismo específico que nos salva, constitui-nos no ser, é um fato ontológico, desafiando-nos a viver de modo correspondente.*

Por isso, não pode haver ruptura nem mesmo contradição entre o gesto de Cristo que redime e a vida concreta de quem é redimido. Aquele gesto do servo, que carrega o pecado de muitos, passa para a vida do crente e nela deve continuar. Aquele que foi salvo deverá, inevitavelmente, repeti-lo, porém não se fazendo de mártir, mas acreditando que traz dentro de si uma predisposição para agir em conformidade com o ato que o salvou.

A morte de cruz do servo é dom. Em razão dessa morte, a antiga criatura morre, e com ela, o temor do mal que cometeu e o de ser esmagado por ele. Nasce, então, uma criatura nova, disposta a carregar o mal do irmão. É, realmente, um novo nascimento, uma plena auto-realização, a coerência total com a própria natureza de ter sido salvo, a condição para ser feliz, porque, finalmente, se sente ela mesma. Essa é, também, a salvação plena: não somos salvos, enquanto não manifestarmos com a vida o dinamismo que nos salvou.

2) Podemos chegar à mesma conclusão, considerando outra decorrência do mistério redentor. Aquele que se fez pecado por nós e por cujas chagas todos fomos curados revela-nos que o *pecado pode ser vencido exatamente por esse gesto de assumir o mal dos outros*. Da mesma forma, faz-nos compreender por que o ser humano muitas vezes fracassa em sua luta desesperada contra o mal. É porque pretende derrotar somente o *seu* pecado, para a *sua salvação* e para a *sua* santidade. Poderá até estar animado de boa vontade, mas falha em procurar o bem de maneira errada. Assim, em vez de derrotar o mal, fica só com seus problemas e seus sonhos de santidade, a lutar no vazio e a correr em vão. Só carregando o pecado dos outros, nós nos libertamos do mal. É o que nos lembra, como uma Boa-Nova, o cordeiro imaculado, morto pelos nossos pecados.

A salvação nunca é somente pessoal, subjetiva, individual. Ela implica sempre a atuação do mandamento do amor. Com efeito, o verdadeiro mal de que temos necessidade de nos libertar é o egoísmo; quando o vencemos, realmente experimentamos a "alegria de ser salvos". É aqui que se dá a integração plena do bem e do mal; os dois caminhos se cruzam: o bem recebido (a salvação) torna-se bem comunicado (a salvação dada aos outros) e o mal se transforma...

3. Uma história que se repete

Ter a graça de crer significa ver, na fé, toda a realidade da própria vida.

Não é verdade que a fé nos aliena. Pelo contrário, ela nos oferece uma chave interpretativa que une, segundo um plano misterioso e providencial, todas as fases de nossa existência. Muitas vezes, aquilo em que "cremos", no plano da fé, "repete-se", de modo concreto, na vida. Já vimos a propósito do perdão: experimentar a misericórdia divina significa, muitas vezes, perceber que o perdão de Deus nos atingiu mediante o perdão de muitas pessoas que, infinitas vezes, compreenderam-nos e nos absolveram.

Isso também acontece a respeito de tudo o que já dissemos. Em Jesus, Servo de Iahweh, reconhecemos inúmeros irmãos e irmãs que receberam plenamente a própria salvação, tornando-se disponíveis para repetir para nós aquele gesto que os salvou. Precisamente por isso, aceitaram carregar nossos fardos, nossas limitações e nossos pecados; ajudaram-nos naquilo em que não poderíamos agir sozinhos; não nos mencionaram com desdém os nossos insucessos; suportaram as nossas imaturidades; esqueceram as nossas injustiças; não reagiram às nossas ofensas; dedicaram seu tempo para nós.

Ninguém que seja honesto e tenha boa memória pode deixar de admitir que tudo isso sucedeu, alguma vez, em sua vida: um regaço que o carregou antes do nascimento, outro regaço que o acolheu e continuou a carregá-lo pelo resto da vida. Mesmo que não nos tivéssemos dado conta disso e não o tivéssemos desfrutado, a salvação também nos chegou por meio desses gestos humildes e discretos, que lembram o gesto muito mais dramático do cordeiro imolado por nossa salvação. É graças a esses gestos que o mal continua a ser vencido e a história de todo ser humano continua a ser a história da salvação.

4. O complexo de Atlas

Quando alguém reconhece, em seu passado, os sinais concretos dessa salvação imerecida e se deixa tocar por ela, tudo muda. Compreende que se o seu peso foi muitas vezes assumido pelos outros, é justo que também ele manifeste concretamente a mesma disponibilidade.

Como já dissemos, quem entra nessa lógica não se sente herói nem santo. Tem, simplesmente, consciência de retribuir um pouco do muito que recebeu. Por isso, o faz sem particular esforço de vontade e sem os complexos esforços mentais de quem não está suficientemente convencido. *Então parece algo natural carregar o fardo dos outros, quando percebemos que já fomos carregados pelos outros.*

E isso fazemos com simplicidade e desenvoltura, com senso de gratuidade e de modéstia. De outro modo, seria muito perigoso.

É perigoso pretender carregar ou sentir-se obrigado a suportar certos pesos, sem antes ter constatado quantas vezes recebemos esse mesmo serviço. Isso se chama *complexo de Atlas*. Este é uma personagem mitológica condenada a carregar nos ombros todo o peso do mundo — do seu mundo. Um complexo que faz, de alguns, vítimas ou bodes expiatórios e, de outros, patifes ou incontaminados pelo mal. Conseqüentemente, os primeiros, com toda sua boa vontade (talvez demasiada), ou desfalecem sob um peso excessivo, ou o carregam com manifesta má vontade, de modo que todos o percebam. Tornam-se, dessa forma, eles próprios, por absurdo que pareça, um verdadeiro fardo para a comunidade, muito difícil de ser suportado. Enquanto os segundos, em legítima defesa, preferirão cuidar dos próprios interesses...

O mito de Atlas não é o ideal do cristão. O fato de carregarmos o fardo dos outros não constitui uma condenação nem um estratagema perfeccionista; é uma exigência ditada pelo amor, um amor que, nascendo da descoberta de ter sido muito amado, torna-se, por força intrínseca, doação de si. No fundo, isso é verdadeira maturidade afetiva: passar do amor recebido ao amor dado, mediante a disponibilidade fraterna para carregar um pouco da fraqueza dos outros.

Um pouco, não toda a fraqueza. Aqui está uma outra diferença com respeito ao trabalho impossível de Atlas: não podemos pretender carregar o outro nos ombros, assumir totalmente a responsabilidade de sua realidade. Não é possível, e não seria verdadeira ajuda. Não somos o bom pastor nem são Cristóvão. Podemos tão-somente nos aproximar, dar uma mão, talvez com o risco de não sermos compreendidos ou de fazermos o papel do coitado que paga pelos outros.

É sempre o amor que faz compreender até onde convém chegar, que limitações não devem ser ultrapassadas para não sermos invasores, que discrição usar para oferecer uma ajuda que não humilhe ninguém. O cordeiro inocente, que permanece mudo diante daqueles que o tosquiam, continua sendo o modelo de quem quer carregar nos ombros o pecado do irmão.

Capítulo Terceiro

Mas eu vos digo: não vos oponhais ao malvado

O conceito de transformação do mal é tipicamente cristão. De fato, nós o encontramos, talvez para nossa surpresa, nas Sagradas Escrituras, tanto na experiência particular de Paulo como no evento dramático do Servo de Iahweh. Também nós continuaremos a ver o seu sentido e suas implicações comportamentais, sempre partindo dos desafios (são exatamente desafios) da Palavra de Deus.

Antes, porém, de continuar nessa busca, talvez seja útil lembrar, sinteticamente, por pontos, as fases e o significado desse processo psicológico-espiritual. Transfigurar-integrar o mal quer dizer:

1) *identificá-lo concretamente* em nós mesmos, reconhecendo nele uma limitação natural ligada à vida de todo ser humano, sem o negar com fatalismo, sem o projetar para fora nem o fazer pesar demasiadamente sobre os outros;

2) *dar-lhe um significado* em função do processo pessoal de amadurecimento. É, de fato, uma realidade que expõe a dimensão exata de si, bem além das ilusões perfeccionistas e pretensões narcisistas;

3) *torná-lo ocasião de bem*, não só para melhor conhecimento e aceitação de si, mas também para compreensão e acolhida dos outros, para experiência do perdão de Deus e dos irmãos, para manifestação do poder do amor divino na fraqueza do ser humano;

4) *descobrir que já foi muitas vezes "carregado"* — com toda a carga de limitações e fraquezas — pela bondade de Deus e de muitas pessoas;

5) estar disposto a *carregar nos ombros o fardo dos outros*, sem se sentir herói nem vítima, mas com simplicidade e discrição.

É só a partir dessa descoberta e dessa disponibilidade que podemos compreender certos estímulos evangélicos que, de outra forma, nos parecem ilógicos e impossíveis. Vejamos alguns deles, pondo-os em relação quer com a nossa vida de relacionamento comunitário, quer com a relação que, como Igreja, somos chamados a estabelecer com o mundo.

1. "Deixai-os crescer juntos..."

Resolver carregar nos ombros o fardo dos outros significa, primeiramente, mudar nossa maneira de encarar o mal. Diante dele, temos, em geral, uma atitude de ataque, tipicamente agressiva. Como ele nos amedronta, queremos derrotá-lo: com finalidade "apostólica" ou, mais simplesmente, em legítima defesa; às vezes, até sem distinguir muito o pecado do pecador. Mais ou menos como Tiago e João, filhos do trovão, quando invocaram o fogo do céu para destruir os samaritanos que tinham recusado Jesus (cf. Lc 9,54), e que foram severamente repreendidos por ele.

Com efeito, temos sempre a tentação de querer extirpar logo e totalmente o joio (cf. Mt 13,24), arriscando-nos a arrancar com ele, pela raiz, os germes do bem que estão crescendo com dificuldade e que exigem uma atitude muito diferente, isto é, paciência e delicadeza, capacidade de intuição e clarividência, disponibilidade para colaborar e servir. Às vezes, no mal que se condena, há um bem que não sabemos descobrir. Certamente, é mais fácil e espontâneo julgar o mal que apreciar o bem (assim fazemos até com nós mesmos). Contudo, desse modo, o bem não cresce nunca, assim como uma Igreja que se limita a julgar e a condenar não cresce nem ajuda a crescer.

Devemos lembrar sempre que — como indivíduos e como comunidade — somos chamados a crescer junto com o mundo em que vivemos, sem fugas nem rejeições, sem monopólio de verdade nem presunção de superioridade, sem antecipar o tempo da colheita nem nos identificar simplesmente com a erva boa.

Já dissemos que a adesão à verdade, quando ocorre dentro de um processo de busca sincera, operosa e não instrumentalizada por segundas intenções, estimula e habilita a procurar ainda essa mesma verdade, onde quer que ela se encontre. Ao contrário, é por essa razão que não nos contrapomos ao mundo e aos seus caminhos: porque nele encontramos espalhadas as sementes do Verbo. E nos pomos à escuta do mundo, não para cerrarmos fileiras com o inimigo, mas porque o reconhecemos como um "lugar teologal" em que discernimos a presença e o poder de Deus criador.

É claro — e ninguém hoje se ilude — que esse permanecer dialeticamente diante do mundo, para crescer junto com ele, não pode acontecer sem problemas e riscos, sem esforço e sofrimento. Em particular, não poderá ocorrer sem uma disponibilidade prévia, dos crentes, para carregar nos ombros o peso do pecado do mundo, de sua pobreza e de suas contradições, sentindo-se solidários com a história e desejosos de compartilhá-la, de caminhar ao lado das pessoas e, sobretudo, dos pobres. Só assim contribuiremos para fazer emergir aquele amor e aquele desejo de salvação que são o único motivo dessa partilha.

Surge, então, como se disse em Loreto, uma imagem de Igreja peregrina e "vestida com a roupagem do nosso tempo", pobre e desarmada, mas extraordinariamente coerente com a mensagem que anuncia e a cruz na qual crê. E, finalmente, livre do fardo esmagador de si mesma para assumir o do mundo.

2. "Se alguém te bater na face direita..."

Continua a estranha lógica evangélica. Tão estranha que se dispenderam rios de tinta para explicar como essa passagem não deve ser interpretada literalmente... Mas se isso, de um lado, tranqüiliza-nos, de outro, não nos ajuda, em absoluto, a resolver o problema de como reagir à violência. De fato, certas explicações demasiado encorajantes parecem ainda se ressentir da preocupação de imunização diante do mal, de uma incapacidade de integrá-lo que não tem outra alternativa senão a atitude de renúncia ou violência.

A perspectiva muda completamente — e muda também a interpretação dessa passagem —, se nos movemos dentro de uma ótica de transfiguração-integração do mal. Carregar o fardo dos outros inclui, também, a coragem de apresentar a outra face.

Na prática, trata-se de uma atitude dupla:

1) *Optar por não responder à violência com a violência.* Pode fazer isso somente quem venceu a tentação de descarregar o próprio mal no outro e se tornou capaz de assumir a violência dos outros, com todas as suas conseqüências. Esse indivíduo, em vez do mecanismo projetivo, põe em prática um mecanismo integrativo. Por isso, pode aceitar a ofensa sem retribuí-la, porque consegue dar-lhe um sentido, reconhecer nela, eventualmente, uma parcela de verdade, e se dispõe a vivê-la como momento de crescimento ou de purificação da excessiva preocupação com a auto-estima. Reagindo, perderia tudo isso; usaria violência consigo mesmo mais que com o outro.

Isso não quer dizer que, em certos casos, não devamos defender-nos, mas sempre sem ferir, sem pagar com a violência, física ou psicológica, de modo direto ou indireto. Porque, assim, criar-se-ia uma cadeia de represálias que, além de aumentar a carga destrutiva do mal, impediria que a verdade se manifestasse. E o indivíduo perderia uma ocasião providencial de realizar a experiência de solidão e de bem-aventurança, deixando a Deus a defesa de sua honra.

2) Outra atitude que integra o mal é *fazer algo que vá exatamente em sentido contrário ao da violência recebida:* apresentar a face, se alguém nos bater, dar também o manto a quem nos pedir a túnica, dar amor a quem nos tratar com ódio, falar bem de quem nos calunia ou critica... É a transfiguração plena do mal, que não apenas neutraliza a tática do inimigo e de sua violência, mas verdadeiramente transforma a hostilidade (recebida) em benevolência (dada), o negativo em positivo, o inimigo em amigo.

Isso não é pura teoria e idealismo piegas, algo absurdo e impossível! Já vimos, na segunda parte, sobretudo no capítulo sobre o perdão na sociedade, que houve pessoas que viveram tudo isso, e, concretamente, não só perdoaram, mas responderam à violência dos outros com gestos explícitos de bondade e compreensão, de amor sincero e corajoso. São elas sacerdotes e pais de família, que deram a própria vida, e familiares dessas vítimas que foram os primeiros a estender a mão e a oferecer o perdão aos assassinos.

É verdade, tudo isso provocou luto e semeou a dor, fez triunfar a violência e a injustiça. Não seria respeitoso para com essas pessoas, nem justo e objetivo em si, ler somente esse aspecto mais imediato e aparente da realidade.

Com o passar do tempo, é exatamente esse apresentar a outra face que detêve a cadeia enlouquecida do mal, neutralizando sua tendência diabólica de regenerar-se, mas também de *transformar o mal em bem,* um acontecimento negativo e mortal, em um acontecimento de vida e esperança, um homem violento e assassino, em um ser humano que, no fim, se deixa convencer pela força que desarma da pessoa ferida.

Releiamos, brevemente, para confirmar isso, algumas expressões da citada carta do ex-terrorista Savasta à viúva do engenheiro Taliercio:

"... Também durante o seqüestro, seu marido demonstrou amor, foi uma semente tão poderosa que nem mesmo eu, que lutava contra ela, consegui extingui-la de dentro de mim... Dentro de mim venceu a palavra que seu marido levava... É uma flor que quero cultivar para poder passá-la adiante, ensinando às pessoas aquilo que vocês me deram e ensinaram". Faz eco a essas palavras a afirmação da mesma corajosa viúva: "O ódio o matou; eu luto pelo amor".

Assim como lutou e ensinou a lutar, apresentando a outra face, o grande profeta da reconciliação racial, M. L. King: "Não haverá solução permanente do problema racial — afirma ele — enquanto os oprimidos não exercerem a capacidade de amar seus inimigos. As trevas da injustiça racial serão dissipadas somente pela luz do amor capaz de perdão. Por mais de três séculos, os negros americanos foram espancados com a barra de ferro do opressor, frustrados e martirizados, dia e noite, por uma injustiça intolerável, e oprimidos sob o horrível peso da discriminação. Obrigados a viver nessas condições infames, somos tentados a nos tornar rancorosos e a vingarnos com ódio não menor. Mas se isso acontecer, a nova ordem que se busca será pouco mais de uma cópia da ordem antiga. Devemos, com força e humildade, responder ao ódio com o amor".

É possível, então, apresentar a outra face. Ou melhor, é necessário, se quisermos transformar-transfigurar o mal.

3. Filhos do Pai celeste

Estamos muito além do só "deixe disso para não acontecer algo pior", e também do simples fingir que não há nada, ou do querer esquecer e perdoar. Às vezes, isso tudo é muito pouco. É necessário fazer mais: ir ao encontro do "inimigo", ter a humildade de dar o primeiro passo... E não pensemos que tudo isso é só questão de "gestos": se forem demasiado freqüentes e comuns, poderão molestar e indispor o outro. Trata-se, porém, de aprender a "acolher" também quem se opõe ou nada tem a dar, de amar sinceramente quem não merece ou prejudica, sabendo distinguir entre o erro e aquele que o comete, entre a ação externa e a intenção profunda. Quantas vezes, mesmo em nossas comunidades, certas atitudes agressivas (maledicências, recusas, ofensas...) são apenas uma tentativa desesperada, talvez infeliz e contraditória, de chamar a atenção sobre um sofrimento, como prova evidente de uma insatisfação interior, provavelmente inconsciente!

Muitas vezes, o sofrimento e a insatisfação são sinais de imaturidade e infantilismo. Contudo, isso não autoriza ninguém a reagir com a rejeição e a vingança, mais ou menos sutil e elegante, a menos que não se queira o mal para o outro. Antes, é uma razão a mais para responder à maledicência com a benevolência, à rejeição com a acolhida, à ofensa com a compreensão. Isso é carregar o fardo do irmão: descobrir a verdadeira mensagem bem além das contradições, responder à insatisfação mais profunda sem reagir à violência. Desse modo, com o tempo desafia-se o outro a crescer, o mal se transforma, nossas comunidades se tornam memória e profecia de um amor mais forte que o pecado, e aprendemos a ser filhos daquele Pai celeste que faz nascer o sol sobre os maus e os bons, e faz chover sobre os justos e os injustos.

4. "Bem-aventurados os mansos..."

Já indicamos o sentido das bem-aventuranças evangélicas. Ao pronunciá-las, Jesus não indica simplesmente como devemos comportar-nos nem promete recompensas futuras, mas se felicita e se congratula com determinadas categorias de pessoas porque, agora, no presente, estão usufruindo um bem precioso.

Aqueles "bem-aventurados" poderiam ser entendidos como "felizes": felizes os que são pobres, misericordiosos, aflitos, perseguidos... porque, em sua pobreza, mansidão e sofrimento, o Reino está mais próximo e Deus se faz presente como o defensor dos fracos e mansos. Antes, olhando bem, a mansidão parece ser a chave de leitura de todas as bem-aventuranças; é a característica existencial que dá estilo e autenticidade ao ser puro de coração, promotores da paz, misericordiosos etc.

É manso, sobretudo, quem se apresenta diante de Deus, de mãos vazias. É pobre de espírito *aquele que se dispõe a aceitar a vontade de Deus sem nada lhe extorquir*. Só quem se entrega ao Pai pode ser manso com seu irmão. Apresenta-se, então, diante dos outros, desarmado, não como quem conta vantagem, mas como quem *está disposto a submeter-se*. E nisso manifesta uma força diferente e misteriosamente eficaz: a força de carregar o peso dos outros, de lavar-lhes os pés, de estar disponível para os serviços, que, muitas vezes, os outros recusam. Há um serviço típico do indivíduo manso: *o de ressaltar o que os outros têm de melhor*, mesmo quando são arrogantes e hostis ou quando a esperança de que realmente podem melhorar parece mínima.

Com efeito, o manso "não quebrará o caniço rachado nem apagará a mecha que ainda fumega", não empurra para fazer cair quem já é fraco por sua própria violência. E isso também quando demonstra paciência e age, apesar de tudo, com vontade obstinada. Tem o carisma da delicadeza, "não levanta o tom nem faz ouvir, na praça, sua voz", não age como o profeta que humilha e avilta. Todavia, quando necessário, sabe também agir com firmeza e franqueza, sem esperar resultados imediatos e conversões repentinas, antes, opondo sempre, a todo tipo de violência, a doce força da mansidão.

É força que não provém da violência externa, e sim da transformação-integração do mal. Por isso, o manso pode realizar ações impossíveis a quem é violento e sentir-se bem-aventurado e feliz, uma vez que tem esperança de conquistar o coração dos outros e se encontra entre os que herdarão a "terra prometida" do coração de Deus. E, qual humilde artífice da paz, testemunha e profetiza que a mansidão é o verdadeiro rosto da Igreja, principalmente hoje.

Não é por acaso que muitas pessoas que lutaram pela justiça, pagando com a própria vida, tenham essa característica comum: a mansidão. Gandhi, M. L. King, dom Romero, padre Josimo, padre Ramin, Taliercio, Bachelet, Tobagi, Galli, Galvaligi (para nomear apenas alguns deles, pois seria longa essa lista dos mártires de nossos dias!) são descritos, por quem conviveu próximo a eles, como indivíduos mansos e humildes, amáveis e de agir discreto, abertos ao diálogo e à acolhida do outro, pacientes e pacatos. E, exatamente por isso, dotados de uma força diferente e, sobretudo, muito eficaz.

Vejamos, agora, como a viúva de W. Tobagi descreve a mansidão do marido e desses profetas da reconciliação: "... A pessoa mansa é alguém que não confia no poder humano, mas entrega-se nas mãos de Deus. Ser manso não é uma questão de passividade. Manso é quem, depois de ter lutado, diz ao Senhor: 'agora, minha causa está só em tuas mãos...'. Para ele é a herança da terra; todos os ideais de justiça lhe são possíveis. Todos nós corremos o risco de ver comprometidos, pisoteados e anulados os nossos ideais de uma nova justiça, pela prepotência de pessoas e de instituições, ou ainda, pela indiferença dos outros. Contudo, a pessoa mansa não lança a culpa em ninguém. Abandona-se e pede que sua profecia não se apague. Não se apóia nos meios humanos. Como Jesus Cristo, quem é manso deve lutar até o fim por uma nova justiça. Ele a herdará, tomará posse dela e a defenderá até com o martírio, como às vezes acontece. Mansos são, portanto, aqueles que vencem a batalha dos ideais, para transformar este mundo com o poder de sua esperança. Vencem-na porque continuam acreditando que o impossível pode realizar-se. Têm dentro de si o Reino. E porque Deus está perto de nós... até o impossível se torna possível".

Bem-aventurados os mansos! Graças a eles o mal, na terra, pode transformar-se em bem!

Capítulo Quarto

A correção fraterna

Alguém disse que a correção fraterna é o mandamento evangélico menos praticado. Realmente, quase nunca se faz correção fraterna. Somos capazes de indignar-nos, fingir que estamos escandalizados, censurar e espalhar, aos quatro ventos, o erro do próximo, mas achamos difícil corrigir e aceitar a correção dos outros, segundo o método e o espírito que o Evangelho nos propõe. Talvez, a esta altura, isso não nos admire tanto. Com efeito, sabemos como diante do mal parece-nos natural rejeitá-lo ou condená-lo. Sentimo-nos demasiado justos, ou pecadores sem esperança. A correção fraterna, ao contrário, significa aprender a conviver com o nosso mal e com o mal dos outros: isto é, uma forma de assumir a fraqueza do irmão. Quem não o repreende fraternalmente — diz-nos o Levítico — carrega consigo um fardo ainda maior: "Deves repreender o teu compatriota, e assim não terás a culpa do pecado" (Lv 19,17). Portanto, é norma antiqüíssima que, enquanto nos ajuda a integrar o mal, transforma nossa vida comunitária, tornando-nos, um para o outro, ocasião de salvação.

1. "Acaso sou guarda de meu irmão?"

Se formos às raízes dessa pergunta, encontraremos, facilmente, o nosso costumeiro pecado original: o *individualismo*. Mas devemos cavar muito para trazê-lo à superfície, coberto como está de uma infinidade de pseudojustificativas: "No fundo, nada tenho com isso; é o superior que tem o dever de adverti-lo...". "E se depois me rejeita, e não fala mais comigo?". "É muito chato para mim; não quero bancar o orientador espiritual". "Não vai adiantar nada; depois, ele sozinho irá entender; a melhor censura é o exemplo...". Em nossos dias, por causa do individualismo, tais raciocínios têm uma força particular de convicção, apoiados não só pelo clima sociocultural do ambiente, mas também por um tom religioso comunitário decadente. Existe decadência quando não nos descobrimos diariamente devedores para com a comunidade e cada um dos irmãos; quando não nos sentimos responsáveis pelos outros. É decadente a comunidade em que a partilha se limita aos bens materiais, a virgindade não cria relacionamentos, a obediência não suscita a adesão de todos a um projeto comum. "Cada um por si e Deus por todos" parece ser o lema de certas comunidades religiosas, onde reina a paz, pois cada qual age sozinho, e onde tudo, aos poucos, torna-se individual, até mesmo Deus.

A correção fraterna vem de longe. Não é algo que se pode improvisar, como se fosse uma simples técnica de intervenção opcional ligada a casos de emergência. É uma forma de ser e crescer juntos, de unir a própria vida à de quem me está "próximo", de conceber a fraternidade como evento de salvação, lugar teológico em que se manifesta, concretamente, o nosso ser objeto e sujeito de redenção.

A correção fraterna me faz descobrir o "irmão" e uma dimensão completamente nova do relacionamento interpessoal: esse irmão não é mais simples companheiro de viagem, ou um colega qualquer, ou amigo íntimo. É, antes, aquele com o qual compartilho um projeto que nem eu nem ele poderemos jamais realizar sozinhos.

2. A força da Palavra

Ser irmãos quer dizer isto: decidir caminhar junto, a ponto de *sentir-se responsável pelo crescimento do outro* e, portanto, alegrar-se por aquilo que ele tem de bom e sentir pelo que tem de mau. Ir além da indiferença e do medo, da inveja e da rejeição, do apego demasiadamente humano e do ciúme. Somente entre irmãos é que se pode fazer correção.

Na teoria, provavelmente concordamos com tudo isso. Mas quem me dá, depois, a força de intervir, quem me sugere as palavras certas, no momento certo? Evidentemente, *ninguém a não ser a minha experiência pessoal de pecador julgado e reconciliado.*

A correção fraterna parte precisamente disso, e se torna possível somente graças ao caminho pessoal penitencial. É um reflexo deste, como que um prolongamento seu. O caminho não seria completo sem esse serviço fraterno. Contudo, possui tal disponibilidade quem aprendeu a deixar-se julgar pela Palavra e a encontrar nela o caminho da reconciliação.

Diante da Palavra nasce a consciência de pecado; da força da Palavra deriva a coragem de fazer a correção fraterna. Isso não quer dizer que devo censurar meu irmão, citando versículos da Bíblia. Quer dizer, antes, que o julgamento da Palavra faz-me entender cada vez mais que o *mal do irmão é também meu, a sua queda me questiona e, de algum modo, acusa-me.* É muito pouco desgostar-se apenas pelo mal que outra pessoa cometeu. É necessário convencer-se de que também sou responsável por isso.

A correção fraterna supõe essa honestidade consigo mesmo. De outra forma, arrisca-se — se e quando praticada — a incorrer naquele tipo de censura e julgamento que mais dão mostras de superioridade que de fraternidade, como que uma atenção benévola de quem, "corrigindo", nega, de fato, sua responsabilidade. Pelo contrário, quem corrige fraternalmente acredita que *deve intervir exatamente porque descobre ter parte no mal da comunidade. Mas é somente o poder julgador da Palavra, espada de dois gumes, que nos faz impiedosamente sinceros com nós mesmos.*

3. A Palavra que liberta

Contudo, a ação da Palavra não termina aqui, uma vez que ela tem, também, um *efeito libertador*. No momento em que, pela revelação da misericórdia, nos reconcilia com o nosso pecado, dá-nos, também, a força de emergir de nosso individualismo, para anunciar ao irmão aquela mesma palavra de juízo que o revela a si mesmo, reconciliando-o com sua vida.

É a força da Palavra que age em nós, naquele instante. Força que liberta e desperta energias impensadas, tornando-nos instrumentos eficazes de reconciliação. Graças a esta, superamos o medo que temos do outro e de sua rejeição, a tentação de pensar somente em nosso sofrimento e em nossa perfeição, a preocupação de estar em paz, sem procurar aborrecimentos inúteis. Sobretudo, livramo-nos daquele estranho respeito humano que tentaria impedir-nos de pronunciar, entre nós, o nome de Jesus Cristo, como se não houvesse necessidade de anunciar a salvação em nossas comunidades! Não significa que devamos pregar sermões uns aos outros. Nada disso! Trata-se tão-somente de cada qual se convencer de que deve prestar o serviço "maior" — diria Bonhoeffer —, o da *palavra articulada na escuta da Palavra.*

É também um risco, que talvez, de boa vontade, alguns deixariam de correr. Mas, então, a que se reduzem a fraternidade religiosa e a comunicação no seio dela? A fraternidade correria o risco de degenerar em convivência puramente exterior — um estar junto, sem nenhum conhecimento nem amor recíprocos — um grupo de pessoas que dialogam, sem jamais entrar em comunhão.

É impensável que o alimento de nossa vida não se torne, também, motivo inspirador, conteúdo implícito, fonte remota de nosso convívio, o que damos e recebemos um intercâmbio sempre novo. É o que diz, também, em uma conhecida lei da psicologia social: o valor que cria a vida de uma comunidade e dá sentido ao fato de várias pessoas estarem juntas deverá ser "celebrado" nos gestos simples da vida de cada dia, se quiser continuar a ser valor criador e significativo.

Repitamos, sem afetação nem paternalismo enfadonhos, mas com a naturalidade de quem vai, diariamente, abeberar-se na fonte da água viva e, assim, sem procurar explicitamente nem querer bancar o sábio, profere palavras de sabedoria. Então, *nesse contexto,* pode nascer e florescer a correção fraterna: se nossa vida já está centrada na Palavra de Deus, é de todo natural que conserve sua força julgadora, particularmente em certos momentos, e graças à disponibilidade corajosa de quem quer viver profundamente a fraternidade. Se a correção fraterna caiu em desuso, não quer dizer simplesmente que não temos coragem de fazê-la ou que não nos queiramos bem. Quer dizer, talvez, que nos distanciamos da Palavra.

4. "... Corrigi-o com espírito de mansidão"

Tomando como ponto de referência Gl 6,1-5, e sem pretender ditar regras precisas, poderíamos sugerir alguns pontos referentes à maneira de se fazer a correção fraterna:

1) *"... vós, os espirituais..."*: a correção fraterna é atividade espiritual, não uma descoberta da dinâmica de grupo. Como tal, pode ser feita somente por pessoas "espirituais", que adotam determinado procedimento à luz do Espírito. Concretamente isso quer dizer que *toda correção fraterna é precedida de um sério discernimento,* no qual o indivíduo, antes de tudo, interroga-se sobre as motivações reais do seu gesto a fim de libertá-lo de eventuais intenções agressivas, represálias ou auto-afirmação, e procede de forma que esse gesto seja expressão de amor verdadeiro e senso de responsabilidade com relação ao outro...

É, outrossim, importante discernir se devemos, ou não, intervir e como intervir. É evidente que não devemos efetuar correção fraterna por qualquer falta (seria exagero!), e sim por aquelas que mais incidem no compromisso de consagração e na vida comunitária, da qual o indivíduo parece não se dar conta. Com efeito, ninguém é capaz de perceber todas as suas faltas. Nesse sentido, a correção fraterna presta um importante serviço: ajuda o irmão a conhecer-se melhor.

Ademais, não existe somente a intervenção verbal direta, mas também a indireta: às vezes, uma atitude, um gesto, uma cortesia podem ser mais expressivos que a palavra e menos embaraçosos que a censura. Naturalmente, só os podem excogitar aqueles que discernem e são bastante atentos e delicados em procurar modos que não firam a suscetibilidade dos outros e não sejam contraproducentes.

Enfim, outro importante objeto de exame prévio é a relação entre a verdade e a caridade. É verdade que, às vezes, com a desculpa de não agir contra a caridade, não queremos olhar a verdade de frente. Contudo, não podemos esquecer que "também a verdade está submetida à caridade" (Du Charlat). São Francisco de Sales dizia: "Uma verdade que não é caridosa procede de uma caridade não verdadeira". Na prática, verdade caridosa significa compreender que nem sempre se diz toda a verdade ao indivíduo; é preciso levar em consideração tanto sua capacidade de entender e aceitar certas situações como o eventual momento particular que está vivendo, o que, talvez, poderia induzi-lo a esperar por tempos mais propícios. Em suma, grande respeito e prudência, sempre pensando no bem do irmão. Em todo caso, a fase prévia do discernimento é indispensável: é, de certa forma, correção fraterna. De fato, mesmo quando sugere que não se intervenha imediatamente, cria na pessoa uma atitude fundamental e uma mentalidade favoráveis ao crescimento do outro.

2) "*... corrigi-o com espírito de mansidão*": escrevendo também a Timóteo, Paulo diz que o servo do Senhor deve ser "suave em educar" (2Tm 2,25). O termo explica-se por si mesmo. Todavia, talvez seja mais importante saber de onde vem essa mansidão, como fazê-la nascer. Ninguém pode improvisá-la, muito menos fingir que a possui. A raiz última dessa mansidão é *contemplativa*. Nasce em um clima de oração em que o outro não é simplesmente aquele que eu recomendo a Deus, mas um *dom* que me foi dado, para que, por meio dele e junto com ele, possa percorrer meu caminho em direção ao Pai. Então, amo e prezo esse dom, e o contemplo como algo precioso que torno cada vez mais "meu". E se noto nele alguma imperfeição, procuro intervir com extrema atenção, com delicadeza e precisamente com mansidão, a fim de não me arriscar a estragá-lo...

3) "*... cuidando de ti mesmo, para que também tu não sejas tentado*": quando se faz a correção fraterna (como quando se perdoa), é importante não se esquecer da própria fraqueza e das próprias quedas. É um "lembrete" que nos redimensiona e que, naquele momento, nos leva a assumir a atitude justa de alguém que não pretende dominar, mas servir; nem se julga melhor, e sim alguém que quer pôr-se ao lado para caminhar junto.

Nada, pois, de afirmações solenes, feitas com demasiada segurança, ou com a pretensão de interpretar as intenções e de saber mais sobre tudo. Ao contrário, muita discrição, convencidos de que as próprias conclusões são somente hipóteses e, portanto, formuladas como impressões ("parece-me que...", "poderia acontecer que..."), e que, conseqüentemente, estamos dispostos a revê-las, e, por outro lado, a deixar-nos corrigir. Essa seria a verdadeira fraternidade. Enquanto caminharmos juntos, sentir-nos-emos sempre mais filhos daquele Pai que "repreende os que ele ama" (Pr 3,12).

Capítulo Quinto

A revisão de vida

Houve um tempo em que se fazia essa revisão, periodicamente, nas comunidades religiosas. No noviciado, era rito da sexta-feira depois das completas: o padre-mestre no centro, em pé, solene na escuta, e nós em redor, de joelhos, a confessar cada qual sua culpa, partindo do mais jovem. A cerimônia era chamada capítulo das culpas. O ritual era bastante padronizado, e a fórmula, fixa. Embora cada qual se acusasse de "sua" falta, no fundo, de maneira geral, eram sempre as mesmas culpas. Referiam-se não só ao ambiente espiritual, mas também ao material (por exemplo, quebra de pratos ou de outros utensílios), como também, geralmente, faltas exteriores bastante comuns que não custava muito confessar. Tudo se concluía com uma exortação-censura do padre-mestre e uma oração como penitência. Normalmente o noviço a fazia enquanto se dirigia para seu quarto, no clima do "grande silêncio" da noite.

A finalidade do capítulo das culpas era muito evidente: fazer com que se progredisse na humildade. Supunha-se que a acusação pública comportasse uma boa dose de salutar vergonha. Estava quase completamente ausente, ao menos na catequese oficial, a dimensão comunitária de culpa (mesmo que não se possa excluir, com certeza, que um ou outro imprimisse esse significado à sua própria acusação). De fato, essa espécie de confissão pública persistiu por muito tempo, sem nenhuma vivacidade espiritual. Assim, nos primeiros anos do pós-Concílio, ficamos livres do "rito de sexta-feira à noite", considerado insignificante e anacrônico. Entretanto, nem tudo era para se desprezar.

"Confessai, pois, uns aos outros, os vossos pecados" (Tg 5,16)

No complexo e fatigante caminho da renovação da vida comunitária destes últimos vinte anos, algo permaneceu do velho capítulo de culpas, algo que estamos sempre mais redescobrindo como útil e necessário para viver a fraternidade conscientes de nossas limitações. "É uma graça podermos confessar nossos pecados ao irmão" (Bonhoeffer). É graça, porque, quando o fazemos, o mal perde sua carga de destruição e de morte. De fato, é obrigado a sair das trevas de onde perturba e atrapalha — sem ser descoberto — as relações fraternas. Pelo contrário, vindo à lume, torna-se patente e perdoado, como que confiado ao irmão e posto em seus ombros.

Mas é graça maior poder confessar nosso pecado diante de *toda a comunidade*. Neste caso, é posto nos ombros de todos, como se todos carregassem o fardo do irmão e lho "tirassem" dos ombros. Desta forma, esse pecado não só perde sua força destrutiva, como também se torna, sem mais motivos, ocasião de crescimento e momento de graça para toda a comunidade. O irmão é readmitido à verdadeira comunhão, ao passo que os demais membros da família tiveram oportunidade de aprender a carregar o fardo dos mais fracos.

A revisão de vida parte dessas premissas, crê nessa possibilidade de crescimento e é proposta como situação propícia para favorecê-la. Não é uma técnica particular e sofisticada, mas um modo simples de compartilhar e manifestar, juntos, também o poder de misericórdia divina por meio do perdão fraterno. Poderíamos defini-la assim: *uma reflexão crítica sobre um aspecto particular da própria conduta e/ou da vida comunitária, feita à luz da Palavra e da Regra, diante da comunidade e com a ajuda da comunidade.*

Com essa espécie de definição descritiva, indicamos, ao mesmo tempo, os vários tipos de revisão de vida. O primeiro, o mais clássico, prevê a análise unicamente da própria conduta. No segundo, a reflexão crítica versa sobre os aspectos da vida comunitária, em geral. No terceiro, são também possíveis acentos críticos a cada pessoa da comunidade. Na prática, é claro que nem sempre pode haver uma distinção rígida entre essas três modalidades, sobretudo entre a segunda e a terceira. Além disso, o terceiro tipo parece ser o mais difícil e delicado, pois nem toda comunidade pode querer realizar esse tipo de revisão. Poderia até ser simplesmente perigoso. É necessário, antes, fazer uma certa caminhada, criar um determinado clima. Em todo caso, é necessário partir do primeiro tipo.

Por outro lado, com exceção dessa premissa, não é nem mesmo o caso de pretender condições ótimas para se fazer revisão de vida, pois se desejarmos ser maduros e uma comunidade sem problemas, nunca se fará uma revisão de vida. Não se deve esquecer que esse serviço de partilha da culpa é mais um modo de crescer juntos que um privilégio de comunidades já perfeitas (as quais, por isso mesmo, teriam culpas para compartilhar...). Portanto, normalmente é bom que a comunidade comece com o primeiro tipo. A seguir, gradualmente, sem pressa e ânsia de chegar à perfeição, passe para os outros dois.

Vejamos, então, as etapas desse caminho.

Proposta do tema

O tema pode ser proposto pelo superior ou qualquer outro membro da comunidade. Mas é importante que todos vejam a utilidade ou a necessidade de uma pesquisa crítica sobre esse tema. Quem propõe deve também motivar, ilustrar, explicar, oferecer todas as informações úteis para bem enfocar o problema. Este não precisa, necessariamente, ter relação direta com a vida comunitária ou referir-se somente a atitudes externas: o importante é que seja bem definido e esteja vinculado com o compromisso de consagração que todos os membros assumiram.

Todavia, o que confere um tom inconfundível e conteúdos precisos à revisão de vida são os seus pontos de referência: *a Palavra e a Regra*. Só a Palavra de Deus, como já o dissemos repetidas vezes, pode julgar a conduta de cada membro e de toda a comunidade. Por sua vez, a regra da vida interpreta essa Palavra, indicando suas aplicações comportamentais. São como dois faróis que permitem descobrir as faltas pessoais e comunitárias. Concretamente, a proposta do tema de reflexão deve ser acompanhada de citações precisas de textos bíblicos e da Regra.

Tempo de oração e de reflexão

O valor de uma revisão de vida depende de como ela é preparada. É necessário um certo espaço de, pelo menos, duas semanas para, em um clima de profunda oração, refletir sobre o tema indicado. De fato, revisão de vida não é simples análise da situação ou autocrítica distorcida, mas reflexão conscienciosa da vida pessoal e comunitária, feita diante de Deus e de sua Palavra.

Nessa reflexão assume importância fundamental a súplica: *por si mesmo,* para olhar para dentro de si, com honestidade e clareza, e saber receber, agradecido, as observações dos irmãos; também para ver com objetividade as limitações e fraquezas comunitárias e ter a força e a liberdade interior de denunciá-las. É, igualmente, súplica *pelo outro,* para que também ele possa descobrir a verdade de si mesmo, esteja disposto a aceitar as observações que lhe forem feitas e, sobretudo, tenha muita luz para descobrir sua fraqueza e muita coragem para admiti-la francamente.

Reunião comunitária

É a fase mais delicada e difícil. Por isso, deve ser precedida de muita oração, individual e comunitária. Antes de tudo, todos devem ter claros alguns pontos, quase como condições prévias que tornam o encontro possível e frutífero: a revisão de vida não visa só e simplesmente à descoberta do mal, não consiste em dividir, em partes mais ou menos iguais, uma culpa que diz respeito a todos, nem mesmo se refere, exclusivamente, a um perdão recíproco, repetindo-se, maquinalmente, frases de breve duração como "nós nos queremos bem". Pelo contrário, nesse perdão deve-se pôr uma lógica de integração-transfiguração do mal, pessoal e comunitário, que leva, pouco a pouco, os membros da comunidade a carregar não só o próprio fardo, mas também o do outro, sentindo-se cada qual responsável pelo crescimento dos demais membros da comunidade. É com essa convicção que podemos reunir-nos para procurar, juntos, a verdade na caridade, escutando e realizando reciprocamente o dom da palavra.

a) Escuta obediente — Não se trata somente de estar disponível para ouvir o que o outro tem a dizer-me sobre si e sobre mim, mas de aceitar e aplicar o quanto deveria ter amadurecido na oração: *a consciência da própria pobreza e da própria ignorância e, portanto, a necessidade do outro e de sua palavra.* Ninguém possui toda a verdade, nem mesmo a que se refere a sua própria pessoa. Por isso, colocamo-nos à escuta. Não a uma escuta qualquer, mas a uma *escuta obediente,* como quem leva a mão ao ouvido para ouvir bem e não perder uma só palavra, porque ela é importante para conhecer melhor a si mesmo e aos outros.

Tudo isso recebe uma confirmação ulterior, se vista com os olhos da fé. Assim, a outra pessoa não me parece como um indivíduo qualquer, digno de ser ouvido somente se for virtuoso ou inteligente, e sim como uma mediação *sempre* providencial e preciosa. Foi Deus quem me pôs ao lado dele, para que eu o escute do mesmo modo que escuto sua palavra. O irmão, com toda sua carga de pobreza e fraqueza, *é mediação dessa palavra,* impedindo-me que a interprete de maneira distorcida e interessada, porque estou muito voltado para mim mesmo.

Creio que, sobre esse ponto, temos de amadurecer bastante: devemos convencer-nos de que, enquanto não aprendermos a ouvir cada pessoa, com essa atitude interior, não poderemos pretender entender a Palavra nem conhecer melhor a nós mesmos e os outros. É com essa condição que a *comunidade se torna lugar privilegiado para discernir e acolher a vontade de Deus,* e a reunião de revisão, uma etapa importante para realizá-la juntos, como irmãos, "obedecendo" uns aos outros. Exatamente nesse sentido é que falamos de uma escuta obediente: porque contém já em si uma predisposição obediencial*.

Na prática, trata-se, então, de ter um estilo de escuta que exprime interesse, atenção, desejo de entender e ajudar, apreciação e gratidão pela abertura e sinceridade. É uma escuta isenta de preconceitos ("já sei o que ele diz") e julgamentos, feita de acolhida incondicionada mesmo quando o outro expressa opiniões sobre mim das quais eu não compartilho, que me aborrecem ou que são simplesmente injustas. Neste caso, evitar a tentação de mostrar-me ofendido ou não as aceitar imediatamente — atitudes ditadas por temores infantis — e aceitar refletir sobre o que me é dito, de examinar-me, de procurar um mínimo de verdade, é algo que me faz crescer enormemente, no plano humano e no espiritual, e que "edifica" (em ambos os sentidos) a comunidade.

Uma escuta desse tipo é o melhor desafio para responsabilizar o outro a ficar atento ao que diz: no fundo, *o outro fala como eu o escuto.* Se, na reunião, todos escutam assim, é mais provável que cada qual diga a verdade e apareça a verdade de todos.

---

* No texto italiano, a expressão que traduzimos por "escuta obediente" é *ascolto ob-audiens. Ob-audiens* é a etimologia de *obedire*, que em latim quer dizer "obedecer" (N. T.).

b) Palavra responsável — É outro elemento constitutivo da revisão de vida. É, ao mesmo tempo, um dever e um dom, que nasce da consciência de ter, muitas vezes, recebido esse dom dos outros. Nesse tipo de reunião, o silêncio, por causa do medo ou da indiferença, mais ou menos responsável, é forma sutil e passiva de violência, equiparável à de quem agride com palavras.

O pressuposto fundamental é o que já vimos: a consciência de ser *instrumento de verdade*. Começamos a ser instrumento verdadeiro quando aceitamos manifestar e confessar a nossa culpa diante da comunidade, com liberdade interior e desenvoltura. Importa, realmente, salvaguardar essa liberdade para que o indivíduo não se sinta psicologicamente constrangido a realizar uma confissão pública. Por outro lado, não nos satisfaz nem mesmo fazer uma revisão de vida em que nos limitamos a dizer fatos conhecidos e superficiais. O ideal ainda está no meio. Todavia, o nível e a qualidade de comunicação em uma comunidade sem dúvida se manifestam também pela serenidade e seriedade com que cada membro sente que pode abrir-se, manifestando suas dificuldades e fraquezas, suas dúvidas e seus problemas.

Em relação a isso, naturalmente, é perigoso pretender tudo e logo. À medida que uma pessoa é sincera para consigo mesma, pode ser instrumento de verdade para os outros, *torna-se fidedigna exatamente por causa da sinceridade com que se manifestou e da disponibilidade com que aceitou a correção de outra pessoa.* A mesma motivação que, antes, tornou-a capaz de escuta, agora a torna capaz de oferecer sua palavra, uma palavra responsável. Tem consciência do papel insubstituível que, naquele momento, desempenha diante de Deus e dos outros, como também da ressonância que aquela palavra poderia ter. E se, de um lado, não se omite desse dever, de outro, põe toda sua atenção para fazer com delicadeza sua censura.

Podemos repetir, aqui, o que dissemos a respeito da correção fraterna: também na revisão de vida, a verdade fica submissa à caridade. Na prática, quem quer verdadeiramente ajudar, procura nunca ter a presunção de interpretar as intenções ou de bancar o psicólogo, de saber tudo do outro e de descobrir, quiçá, o que terá. Terá cuidado também, para não dar, ao que diz, um tom de acusação ou juízo, de superioridade ou desprezo. Uma palavra responsável leva sempre em consideração as fraquezas de quem escuta, usa tons muito pacatos, serenos e tranquilizadores, respeita as suscetibilidades, pergunta-se, frequentemente, qual poderá ser a reação do outro, chega a determinar o ponto além do qual, no momento, não é bom que se vá. Sua palavra é paciente, não impetuosa; busca o bem do outro, não sua condenação; é ajuda para crescer, não fruto ou motivo de ressentimento.

Celebração penitencial

Pareceria natural fazer, após a reunião de revisão, uma celebração penitencial (com ou sem possibilidade de confissão sacramental). A revisão de vida, no fundo, é como um grande rito, com seus momentos de meditação, súplica, intercessão, escuta e partilha da Palavra. Concluí-la com uma liturgia da Palavra, em caráter penitencial, seria como voltar ao ponto de partida. É como um círculo que se fecha: da Palavra à vida, da vida à Palavra. Uma ilumina a outra, e nós nos sentimos mais reconciliados.

Há, também, uma outra motivação igualmente lógica: depois de termos reconhecido a nossa culpa e nos reconciliado com os irmãos, é necessário e natural reconciliar-se com Deus, o qual aprecia muito mais o pedido de perdão de quem já fez as pazes com seu irmão. Provavelmente, uma boa revisão de vida nos faz descobrir aspectos novos de nossas faltas. Portanto, faz-nos viver mais intensamente nossa consciência de pecado, e sentir ainda mais a necessidade de celebrar a misericórdia do Pai.

Finalmente, a motivação talvez mais forte: a revisão de vida, especialmente o terceiro tipo, nunca é inócua. Não só põe o indivíduo diante de uma realidade pessoal, em parte nova e não de todo apreciada e prevista, como pode também criar, apesar da boa vontade de todos, alguma dificuldade de relacionamento, alguma situação de tensão, sobretudo quando a comunidade está realizando as primeiras experiências. É ingenuidade admirar-se disso. Mas é um motivo a mais para entregar nas mãos de Deus, o qual é pleno de misericórdia, o que nos parece difícil de realizar. A revisão de vida é somente uma ajuda, um instrumento particularmente adaptado para construirmos, juntos, a verdade na caridade. Todavia, é só a misericórdia do Pai que nos reconcilia no coração e entre nós.

Festa em família

Jesus nos disse que o Pai faz festa, no céu, quando um único pecador se converte. Quando se faz uma boa revisão de vida, mais de um deveria "converter-se", descobrir melhor seu próprio pecado, arrepender-se dele, desejar melhorar para não obstaculizar o caminho de todos. Então, devemos fazer festa, como um reflexo da festa de Deus.

É algo muito mais sério do que parece, e que deveria entrar na prática normal do projeto de revisão de vida. É, também, algo muito simples. Cada comunidade tem seu próprio modo de festejar. Pode bastar até ficar mais tempo à mesa, para falar e comunicar-se serenamente, em vez de instalar-se diante da TV. O importante é que haja um sinal que exprima a alegria simples e pacata de uma comunidade reconciliada.

O rito de revisão de vida é como um salmo que narra as misérias do ser humano e a misericórdia de Deus, e, como todos os salmos, termina em louvor.

Os frutos

O fruto mais relevante de uma revisão de vida é a integração-transfiguração do mal pessoal e comunitário. É um passo adiante nesse fatigante processo, porque indica e comporta uma verdadeira e própria transformação da culpa: de evento de desarmonia e ruptura, em ocasião de crescimento no amor fraterno e na construção da comunidade. Existem, porém, outros frutos, aparentemente menores, que, na realidade, levam a esse crescimento e são a conseqüência dele. Vejamos somente alguns deles.

a) Conhecimento de si e do outro — Parece lógico que, da reunião comunitária em que cada um confessa a própria culpa, resulte uma consciência mais adequada sobretudo *do outro*. E não só porque outras informações foram acrescentadas ao que já se sabia dele, mas porque a manifestação de suas dificuldades e de seus problemas permite entendê-lo, compreender sua atitude, seu humor, suas reações que, de outra forma, permaneceriam incompreensíveis. É um conhecimento que ganha em profundidade e facilita a caridade.

Do mesmo modo, cresce o conhecimento *de si graças* ao que o outro diz de mim (e ao meu modo de reagir a isso), como também graças ao que eu mesmo digo de mim. De fato, pensar em voz alta, comunicar, de forma inteligível, aos outros minhas fraquezas e quedas é uma ressonância que revela a mim mesmo aspectos novos de meu ser (mais ou menos como o ensinar algo é o melhor modo de aprendê-lo). Quem já realizou essa experiência sabe que ela funciona. Além disso, o clima de escuta e de não-julgamento em que se realiza o encontro de revisão de vida facilita a expressão plena de si e se torna ocasião propícia para crescer no autoconhecimento.

b) Estima do outro — É um aspecto estreitamente ligado ao precedente. Conhecer mais a outra pessoa, em profundidade, é condição para apreciá-la. Muitas vezes, nesse tipo de encontro, descobrem-se realidades impensadas e positivas do outro. Ao ouvi-lo falar de suas dificuldades e sofrimentos, percebemos quão infundados foram certos preconceitos, e errados e "perversos" certos julgamentos.

A revisão de vida nos faz compreender como, não raro, acreditamos ser natural o que não existe; e também como nem suspeitamos o que pode haver sob certas atitudes, apressadamente julgadas de modo negativo. Então, a escuta atenta, cordial e respeitosa faz até nascer a estima, uma estima finalmente baseada na realidade do outro, não no esforço de pensar bem, ou de não ver o mal, ou mesmo baseada em piedosas interpretações artificiosas, por nada sinceras. É verdade: a consideração positiva do outro é mais um fato *perceptivo que interpretativo*. Muitas vezes, nem é mesmo necessário recorrer à fé para estimar sinceramente um irmão. Bastam um olho limpo e um ouvido atento.

c) Partilha do bem — O mal, *per se,* constitui um impedimento à comunicação, sobretudo quando permanece escondido. Ele, por sua natureza e muito mais se nunca for enfrentado, tende a isolar e destruir as pontes, cria desconfianças e incomunicabilidade, tira o gosto de estar e construir juntos, torna-nos estranhos a nós mesmos e aos outros. Mas quando temos a coragem de encará-lo e de confessá-lo, para ajudar-nos mutuamente a vencê-lo, é como se desfizéssemos um nó intricado ou abríssemos uma garrafa de champanhe. Recomeçamos a comunicação e a partilha.

Em particular, *a comparticipação do mal permite a comparticipação do bem,* surgindo possibilidades até então impensáveis de comunicação. Comunicamos nossa própria *experiência espiritual,* nosso caminho para Deus, assim, com naturalidade e simplicidade. No fundo, é a realidade mais importante e decisiva de nossa vida. Sem dúvida, cada um de nós tem muito a dizer sobre isso, o que poderia ser de grande ajuda para o irmão. Que sentido tem vivermos juntos, em nome de Deus, se não comunicamos o que ele fez em nós? Eis por que é muito importante realizar, periodicamente, a partilha das nossas *reflexões sobre a Palavra:* não é moda nem *hobby* facultativo, e sim maneira concreta de crescer juntos, nutridos com o mesmo alimento. Quando se tem vergonha de fazê-lo, um mal obscuro e escondido impede e empobrece a comunicação na comunidade. Ainda não desapareceu, totalmente, a imagem do religioso estranhamente loquaz fora de casa e igualmente (surdo) mudo em casa.

Comunicamo-nos, ainda, as *experiências apostólicas,* alegrias e problemas, sucessos e insucessos. O apostolado não pertence ao indivíduo; nós o fazemos em nome da comunidade e graças a ela. Por isso, é justo e sublime narrar e desejar ouvir os outros também narrarem o que Deus se dignou operar por meio de nós. É, mais ou menos, o que acontecia na Igreja primitiva. Desse modo, dentre outras situações, desaparecem as invejas e os ciúmes, sentimo-nos mais irmãos que se alegram com o bem dos outros, e, juntos, damos glória ao Pai.

Tivemos a humildade de compartilhar nossas fraquezas, agora, reencontramo-nos para compartilhar as maravilhas de Deus!

Capítulo Sexto

A morte: Tabor e Calvário

"O último inimigo a ser destruído será a morte" (1Cor 15,26). No processo de integração do mal, o último obstáculo e, ao mesmo tempo, a última possibilidade é a morte. Também ela, de fato, tem um sentido, faz parte da vida e é possível vivê-la cada dia até encontrar, exatamente por meio dela, o último e mais profundo significado da vida. Mas é um caminho integrativo que parte de muito longe...

É uma figura tristemente conhecida a do cristão preguiçoso e desinteressado. Talvez seja praticante ou até consagrado. Sente-se salvo, mas é como se a salvação fosse apenas um dom a receber, merecido e sofrido por outros: de fato, ele o recebe, agradece e vai embora... É um "consumador", de redenção, sente-se só objeto e feliz destinatário dela, quando não espectador estranho e passivo. Um misto de inconsciência e mediocridade, em suma, temperado com o habitual individualismo.

Mas existe também o cristão que amadureceu sua fé diante da cruz, sentiu-se remido de seus pecados pelo sangue do cordeiro inocente, vive sempre mais a salvação como um dom que transforma e responsabiliza, algo que não se pode receber passivamente e do qual não se pode apropriar de forma egoísta. O remido é canal e meio de redenção. Não é somente objeto, é também protagonista e sujeito na economia da salvação.

Com efeito, quando Deus presenteia, não nos trata como crianças, apenas para nos satisfazer. Cada presente seu tem a finalidade precisa de tornar-nos sempre mais semelhantes a ele; é ato criativo, plasma e retoca em nós a imagem divina. Assim, se nos ama, é para tornar-nos capazes de amar como ele o faz. Se nos salva, *é para fazer-nos participar ativamente de seu mistério de salvação*. Ser adulto na fé é viver com responsabilidade o dom; ser remido é levar aos outros a redenção. Não por virtude nossa, mas por bondade sua.

1. Nossa irmã morte

Criados à imagem do Filho, é sempre ele o modelo que devemos imitar, e nele sentir-nos salvos e portadores de salvação. Não pretendemos carregar sua cruz apenas para representar. Queremos, ao contrário, ter os mesmos sentimentos dele.

Cristo nos salvou indo, voluntariamente, ao encontro da morte, por nosso amor. Essa é uma realidade também para cada um de nós. Dia a dia, aproximamo-nos dela; de certa forma, ela faz parte da vida.

Freud afirmava que existe um instinto de morte. No entanto, instinto não significa aceitação, nem livre escolha, nem mesmo motivação consciente. De fato, a morte é normalmente temida e sofrida, às vezes amaldiçoada, rejeitada e, com freqüência, "negada". É um mal, o maior de todos os males. Saber reconciliar-se com ela é a expressão máxima de integração do mal e o caminho para fazer reviver em nós os sentimentos de Cristo.

Poderíamos retomar tudo o que até aqui dissemos, e aplicá-lo à relação com a nossa morte pessoal. Integrar o mal da morte significa, então, recordá-la e não negá-la, aceitando-a como um dado natural, algo que nos pertence e nos define. Reconhecê-la como uma limitação já presente em nossa vida, em nível fisiológico-psicológico-moral, limitação que convive com o mundo ideal das aspirações ilimitadas. Descobrir que alguém já me ajuda, hoje, a suportar as mortes de cada dia, enquanto um outro, com sua morte, salvou-me do terror dela, não me livrou dela, embora a tenha derrotado. Pelo contrário, transformou-a, tornando-a instrumento de vida, expressão de amor, meio de salvação.

Aqui começa o sentido integrativo da morte. É sempre a experiência de um amor que assumiu o nosso mal que nos dá a esperança de reconciliar-nos com ele. Assim sendo, a morte começa a tornar-se uma hóspede familiar, uma irmã e amiga, não mais uma inimiga ameaçadora e estranha.

2. *Mors mea vita tua*

Para que mude, realmente, o sentido da morte, devemos, antes, mudar a vida e o modo de pensar nela. Não mais em termos de autopreservação, de preocupação exagerada de si, do próprio bem-estar ou da própria limitação...

Tudo isso simplesmente não tem sentido diante da cruz! Em face do mistério do amor mais forte que a morte, caem, forçosamente, as angústias demasiado subjetivas. Não podemos mais pensar que somos senhores da vida, emaranhados nos nossos interesses, como que adorando o nosso eu, como se ele fosse imortal... A morte de Cristo me salva de tudo isso: da ilusão e do medo, e, em particular, de ser minha morte condenação ou maldição, usurpação ou destino, absurdo ou contradição. Ademais, a morte de Cristo me ensina a morrer: *pensando, todo dia, em minha morte e preparando-a como conseqüência lógica de uma existência vivida para os outros,* a oferta extrema de uma vida progressivamente transformada em dom, vértice máximo e "celebração" de um amor que se estenda para além da vida, mas que passa, necessariamente, pela morte.

Quem ama não pode deixar de morrer, como quem se doa não pode fazê-lo pela metade. Desde que Cristo morreu por nós, a idéia da morte passou a fazer parte do conceito de amor, como uma componente que o purifica, podando-o de todos os sentimentalismos inúteis. Ela o conduz às conseqüências extremas, tornando-o gerador de vida; autentica-o como realidade tipicamente cristã, distinguindo-o do falso amor de quem quer o outro para si.

Vive-se e morre-se para os outros. Não só porque se morre como se vive, mas porque a oferta é total, só acontece com a morte. A partir do momento em que se opta por um projeto altruísta para a própria vida, opta-se, também, por ir livremente ao encontro da própria morte. Ninguém no-la impõe, nem forças adversas nem destinos cruéis; nós é que a tornamos inevitável (cf. Jo 10,18). Contudo, é também o momento em que participamos da redenção de modo ativo e criativo: morremos por algo ou por alguém, como Cristo, e com os seus mesmos sentimentos. Verdadeira infelicidade seria morrer sem um objetivo ou por ninguém.

Será exatamente a morte que torna mais evidente e salvífico o nosso viver para os outros, como que perpetuando o seu fruto no tempo, mesmo que não cheguemos a recolhê-lo.

É melhor assim: o importante é que alguém possa desfrutar isso tudo e que a redenção continue.

3. As pequenas mortes cotidianas

Na verdade, a morte pertence à vida. E não porque a conclui, mas porque a acompanha. Cada dia, de vários modos, nós a experimentamos, não só porque as forças físicas diminuem progressivamente, mas porque deveria também aumentar a capacidade de dar um sentido redentor a tudo o que, em nós, tem aspecto de morte. Trata-se, então, de *aprender a aceitar* todas aquelas limitações que marcam sempre nossa vida física, impedindo-nos de fazer tudo e de sonhar, infantilmente, com a juventude perene. (Dessa forma, tornam-se inúteis, além de serem ridículas, as tentativas de esconder a própria idade.)

Todavia, mais que simplesmente aceitar, é preciso saber dar um *sentido redentor específico a todo sinal de morte*: às próprias limitações e impotências, às ilusões e fracassos, à doença e ao sofrimento, ao envelhecimento e ao enfraquecimento contínuo e progressivo das forças, ao dever depender dos outros e ao abandono deles, à solidão afetiva e à perda de pessoas queridas, ao silêncio de Deus e ao caminho de purificação... É tudo um lento morrer (que começa bem cedo na vida), porém faz nascer a vida, uma vida nova, divina e, ao mesmo tempo, mais humana, que vem do Ressuscitado, mas que tem necessidade de nossa morte. Uma vida de remidos que se tornam portadores de redenção não só por meio de um projeto genérico, embora sincero, que abraça idealmente toda a vida, como também porque *aquele* morrer gera, por si mesmo, uma correspondente possibilidade de doação concreta, no hoje de minha vida. Aquela pequena morte diária destrói o individualismo e abre, não raro, espaços inéditos e específicos de oferta de si.

A morte tornar-se-á conseqüência de nossa doação e também, de certo modo, *causa, ocasião favorável, seio materno, que a gera, cada dia*, em formas sempre novas. Portanto, morte que se torna redentora e parte de um projeto salvífico jamais concluído, a ser "completado em meus membros" (cf. Cl 1,24). É como se cada morte nossa gerasse uma redenção sempre atual e diferente.

4. Concretamente...

A *solidão afetiva*, por exemplo, é alimento amargo de se mastigar, é morte que faz sofrer. Mas é necessário morrer a alguns afetos, mesmo belos e puros, para crescer na intimidade com Deus e no amor desinteressado aos irmãos e irmãs. Graças a essa morte, alguém se sentirá menos só. Ao mesmo tempo, sofremos a *perda de pessoas queridas* como uma antecipação de nossa morte. Com elas morre uma parte de nós mesmos! Contudo, nesse momento, é como se a eternidade entrasse em nossa existência mortal e também nós começássemos a entrar nesse novo espaço, ilimitado e sem túmulos, de onde se vê tudo sob um prisma diferente, mais verdadeiro e existencial. Nós mesmos nos tornamos, então, mais verdadeiros e existenciais, e, provavelmente, também as nossas relações, depois daquela perda, tornam-se mais ricas de compreensão, de ternura, de misericórdia e de paciência...

Enfim, *a doença física e a senilidade* constituem uma ulterior purificação, mediante a qual vivenciamos muitas situações importantes que, provavelmente, não poderíamos descobrir sem essa experiência viva. Ela nos ensina a depender dos outros, sem nos envergonhar disso, leva-nos a libertar-nos de muitas pretensões e ilusões e a experimentar a fragilidade e a precariedade da vida. Ela nos faz, outrossim, usufruir o amor e a amizade de muitas pessoas boas, dos acontecimentos triviais e dos pequenos gestos de cortesia. Torna-nos compreensivos com quem sofre, leva-nos a valorizar mais o dom da vida, ajudando-nos a descobrir, sempre mais, que tudo o que temos e somos nós o recebemos, não nos pertence. Por isso, é justo que o vivamos novamente como dom, como oferta para os outros. Sendo assim, enquanto o corpo se consome, o espírito nasce para uma vida nova.

5. A "mortificação"

Expressão plena desta vida nova de ressuscitados é a *coragem da mortificação*. Mortificação é termo que tem aspecto de algo velho e soa desagradável aos nossos ouvidos. Literalmente quer dizer "fazer morrer". Sem dúvida, não pode ser entendido a não ser dentro de uma lógica integrante do mal e da morte. Significa, de fato, não só aceitar e dar sentido redentor à própria morte e às pequenas mortes diárias, mas também optar por *fazer morrer, ou limitar em si alguns dinamismos ou tendências, para que delas nasçam outros.*

A vida espiritual é feita, também, dessa tensão entre morte e vida. Ninguém pode pensar em progredir nela, se não se mortificar. Mas é, também, o normal desenvolvimento psicológico que requer a capacidade de dizer não, se não quisermos permanecer na fase infantil da ilusão de onipotência. As resistências que experimentamos diante desse conceito poderiam derivar da incapacidade de integrar o mal da morte, cujo símbolo é a mortificação. Cada um de nós tem suas mortificações repletas de significado: na alimentação, nas comodidades, no descanso, no desejo de aparecer, de poder e de saber, de ter sempre tudo, nos afetos etc. Cada penitência é um modo estritamente pessoal, em nossa pequenina medida mortal, de "completar, na carne, o que falta das tribulações de Cristo" (Cl 1,24), acrescentando, a tudo isso, a contribuição inconfundível da própria humanidade.

Não por sermos melhores que os outros. Nossa humanidade é sempre pobre e marcada pelo pecado. Mas recebemos a graça de não nos apavorar diante desse pecado, reconhecê-lo, ver-nos sempre perdoados e chamados a compartilhar o perdão, sempre "levados", com a nossa carga de mal, pela bondade dos outros e chamados — por nossa vez — a carregar o fardo dos irmãos. Então, para sermos fiéis a nós mesmos e a essa salvação, aceitemos também o nosso sacrifício: é um morrer para vivermos e fazer os outros viverem mais. Assim, a redenção continua, ao passo que o mal se transfigura.

O Calvário como o Tabor!

SUMÁRIO

Apresentação 5
Introdução 7

PRIMEIRA PARTE
RECONHECIMENTO-ACEITAÇÃO

Capítulo Primeiro – A ilusão de ser justo 13
1. A pretensão de eliminar o mal 14
2. A tentativa de ignorar o mal 16
   As reivindicações do inconsciente 17
3. A obsessão da culpa 19
   Terapia antiescrúpulo 24
4. A trave no olho 25
   O bode expiatório 26
   Grupo expiatório e estilo de vida 28
   A síndrome do fariseu 29

Capítulo Segundo – Verdadeiro e falso sentimento de culpa... 33
1. Culpa construtiva 34
   Culpa ontológica e existencial 34
   Culpa reflexiva 35
2. Culpa destrutiva 36
   Culpa psicológica 36
   Culpa inconsciente 36
3. Como compreender 37
4. Na culpa para ser livre 38

Capítulo Terceiro — Do sentimento de culpa
à consciência do pecado 39
1. Ele é o "Altíssimo" (Sl 46,5) 40
2. "Deus a quem louvo, não te cales!" (Sl 109,1) 42
3. "Pratiquei o que é mau aos teus olhos" (Sl 51,6) 44
4. "Tem piedade de mim, pecador!" (Lc 18,13) 45

Capítulo Quarto – Diante da Palavra 47
1. Sob o olhar de Deus 48
2. Luz para meus passos 49
3. Espada de dois gumes 50
4. O bom ladrão 53

Capítulo Quinto – Exame de consciência
ou de inconsciência? 55
1. Motivações e intenções 56
2. Sentimentos e emoções 57
3. Mente e consciência 58
4. Coração e sensibilidade 60
5. O bem omitido 61
6. O mal comunitário 63
7. A mediação do irmão 64
8. *Confessio laudis* 64
9. A psicanálise do pobre 66

SEGUNDA PARTE
PERDÃO-RECONCILIAÇÃO

Capítulo Primeiro – O perdão que nos criou 71
1. O perdão criador 72
2. Perdoados desde sempre 72
3. A festa do Pai 73
4. O arrependimento do filho 74
5. A necessidade de reconciliação 77

Capítulo Segundo – O perdão que nos redime 79
1. Concepção redutiva 80
2. Falsa consciência e falsas expectativas 81
3. O milagre do perdão 84

Capítulo Terceiro – O perdão que nos reconcilia 89
1. Reconciliados com nós mesmos 90
   A imagem ideal 90
   A imagem atual 91
2. Reconciliados com Deus 93
3. Reconciliados com a vida 95
   Alegria de viver 95
   Integração do bem 96
   Recebestes gratuitamente 98
   Dai gratuitamente 99

Capítulo Quarto – Esse perdão tão difícil! 101
1. "Servo mau..." 103
2. Instinto de violência 104
3. Instinto de domínio 105
4. Necessidade de estima 106

Capítulo Quinto – Senhor, ensina-nos a perdoar! 109
1. Da Misericórdia para a misericórdia 109
2. Perdão criador 110
3. Perdão redentor 112
4. Perdoar como pecadores 114

Capítulo Sexto – O perdão na comunidade 117
1. Coração da vida comunitária 118
2. A parábola da comunidade reconciliada 120
3. Gestos de reconciliação 122

Capítulo Sétimo – O perdão na Igreja 125
1. Reconciliação e auto-estima 126
2. Reconciliação e verdade 129
3. Construir juntos a Igreja 130

Capítulo Oitavo – O perdão na sociedade 133
1. O mal social: uma cadeia descontrolada 134
2. Perdão e profecia 136
3. Perdão e martírio 139
4. A força do perdão 141

TERCEIRA PARTE
TRANSFORMAÇÃO-TRANSFIGURAÇÃO

Capítulo Primeiro – "Gloriar-me-ei de minhas fraquezas" 151
1. "Um aguilhão na carne..." 152
2. "... A fim de que eu não me encha de soberba..." 153
3. "... Pedi ao Senhor que o afastasse de mim" 153
4. "Basta-te a minha graça" 154
5. "A força na fraqueza" 155
6. "Eu me comprazo nas minhas fraquezas" 157

Capítulo Segundo – Carregar o fardo uns dos outros 159
1. "Carregou os nossos pecados em seu próprio corpo" 160
2. "Dá-me a alegria de ser salvo" 161
3. Uma história que se repete 163
4. O complexo de Atlas 164

Capítulo Terceiro – Mas eu vos digo:
                    não vos oponhais ao malvado 167
1. "Deixai-os crescer juntos..." 168
2. "Se alguém te bater na face direita..." 170
3. Filhos do Pai celeste 174
4. "Bem-aventurados os mansos..." 175

Capítulo Quarto – A correção fraterna 179
1. "Acaso sou guarda de meu irmão?" 180
2. A força da Palavra 181
3. A Palavra que liberta 182
4. "... Corrigi-o com espírito de mansidão" 184

Capítulo Quinto – A revisão de vida 189
"Confessai, pois, uns aos outros,
os vossos pecados" (Tg 5,16) 190
   Proposta do tema 192
   Tempo de oração e de reflexão 193
   Reunião comunitária 193
   Celebração penitencial 197
   Festa em família 198
   Os frutos 199

Capítulo Sexto – A morte: Tabor e Calvário 203
1. Nossa irmã morte 204
2. *Mors mea vita tua* 205
3. As pequenas mortes cotidianas 207
4. Concretamente... 208
5. A "mortificação" 209

Rua Dona Inácia Uchoa, 62
04110-020 – São Paulo – SP (Brasil)
Tel.: (11) 2125-3500
http://www.paulinas.com.br – editora@paulinas.com.br
Telemarketing e SAC: 0800-7010081